ADRIAN KULP

SOU PAI, E AGORA?

O guia do primeiro ano do bebê para o pai de primeira viagem

TRADUÇÃO
UBK Publishing House

ubook UBK Publishing House

Edição traduzida de *We're Parents! The New Dad's Guide to Baby's First Year*, publicada por Ubook Editora S.A por acordo com Callisto Media, Inc.

ubook UBK Publishing House

COORDENAÇÃO Alessandra Brito
EDIÇÃO Viviane Rodrigues
COPIDESQUE Christian Daniel
REVISÃO Débora Ferreira e Diego Franco Gonçales
ADAPTAÇÃO DE CAPA Bruno Santos

Dados Internacionais de Catalogação na Publicação (CIP)
(Câmara Brasileira do Livro, SP, Brasil)

Kulp, Adrian
Sou pai, e agora? : o guia do primeiro ano do bebê para o pai de primeira viagem / Adrian Kulp ; prefácio de Jill Krause ; ilustrações de Jeremy Nguyen ; tradução UBK Publishing House. -- Rio de Janeiro : Ubook Editora, 2021.

Título original: We're parents! : the new dad's guide to baby's first year
ISBN 978-65-5875-098-7

1. Lactentes - Cuidado e tratamento 2. Pais e bebês 3. Pais e lactentes 4. Paternidade I. Krause, Jill. II. I. Nguyen, Jeremy. III. Título.

21-56221 CDD-649.122

Ubook Editora S.A
Av. das Américas, 500, Bloco 12, Salas 303/304,
Barra da Tijuca, Rio de Janeiro/RJ.
Cep.: 22.640-100
Tel.: (21) 3570-8150

Para Ava, Charlie, Mason,
Evelyn e minha esposa, Jen.
A estrada da paternidade com
certeza é cheia de quilômetros
tranquilos e momentos bonitos,
mas passar pelos buracos é o que
nos torna uma família.

Sumário

Prefácio

E se eu lhe dissesse que o maior teste de sua vida seria sobre algo em que você nunca poderia ser o melhor, não importa o quanto tenha estudado? Que você falharia mitas vezes, mesmo se tivesse lido todos os livros possíveis e feito milhares de anotações? Mas que, mesmo assim, você deveria tentar? Bem-vindo à paternidade! É a única e mais importante coisa que você fará e em que nunca, *jamais*, atingirá a perfeição.

Não digo isso para assustá-lo, mas para encorajá-lo a pôr os pés no chão e parabenizá-lo por pegar este livro. Acho que é muito comum os pais investirem tempo aprendendo tudo sobre a gravidez, mas, uma vez que o bebê esteja presente, alguns pensam que o restante vai funcionar por si só. Na realidade, os bebês são muito mais misteriosos e confusos quando estão enfim fora do útero.

Para meu marido e eu, nosso primeiro ano como pais foi um sombrio e exaustivo período de olhos arregalados, piscadas lentas e olhares de lado enquanto nos perguntávamos: "O que está acontecendo?". Todos os conselhos anedóticos de amigos e familiares bem-intencionados não são o suficiente para realmente prepará-lo para ser o pai de um bebê nos primeiros 12 exaustivos meses. Mas foi por isso que Adrian escreveu este guia inestimável.

Sou pai, e agora? está cheio de conselhos práticos (também não gosto muito de sapatos de bebê, Adrian) e passos úteis para ser um parceiro incrível e solidário, além de propor um caminho detalhado para guiar o bebê durante seu saudável e feliz primeiro ano de vida. Ao longo do caminho, você encontrará checklists, check-ins e a mais épica coleção de camisetas dignas de um papai.

Mesmo que, ainda assim, você acabe em público com cocô de recém-nascido escorrendo pela parte de trás de sua camiseta reserva, você não vai se arrepender de ler e se preparar para a paternidade durante o primeiro ano de seu bebê. Não há como ser o melhor nisso, mas estar presente e tentar conta muito.

— Jill Krause, criadora do *Baby Rabies*

Então você é um pai de primeira viagem...

Foi há pouco mais de nove anos, mas lembro do momento com muita clareza. Ouvir o suspiro e choro de minha primogênita Ava pela primeira vez — isso não foi nada parecido com as outras "primeiras vezes" da minha vida. Isso não se enquadrava na mesma categoria de rebater o primeiro *home run** no beisebol juvenil ou fazer a baliza no exame de direção. Foi um momento como nenhum outro.

Eu estava vivendo um milagre, e isso me deixou flutuando centenas de quilômetros acima da Terra. Naquele momento, tudo começou. Nas poucas horas após o nascimento, minha esposa e eu nos sentimos como o centro do universo. Era como se todas as manhãs de Natal que já tivemos estivessem juntas em uma só. Nós nos unimos com a excitação e a alegria genuína que rodeavam a criação de uma vida juntos. Ficamos emocionados ao apresentá-la a seus avós, familiares e amigos que começaram a entrar pela porta do hospital.

E a manhã seguinte ao nascimento? A novidade de viver em um hospital tinha me desgastado completamente. Foi constran-

---

*. Ápice de uma partida de beisebol, no home run um jogador rebate a bola para fora dos limites do campo. (N. E.).

gedor dormir em uma cama de hospital, com um travesseiro de papel da década de 1970 que continha o cheiro de gerações de pais anteriores. A maioria das maternidades não pensa realmente nas acomodações do parceiro, e eu logo descobri que quando você está há muito tempo sem dormir, tudo pode começar a desmoronar ao seu redor.

Esse tapa na cara foi duro e doído, mas necessário. Ao mesmo tempo, eu precisava achar leveza na situação ou nunca iria sobreviver a ela.

Três dias depois tivemos alta, e nas 24 horas depois que saímos do hospital eu comecei a ter a sensação de que a *coisa estava ficando séria*.

No hospital, tudo está ao alcance de suas mãos e você fica confinado em um quarto. Eles fazem quartos tão pequenos de propósito, para que você não fique muito confortável e queira ficar com as babás de plantão. Depois você chega em casa e de repente tudo vira "Onde estão as malditas fraldas?" ou "Será que eu deixei os lenços lá em cima?" ou, pior ainda, "A falta de sono me fez escovar os dentes com pomada para assaduras?!".

Naquela primeira noite de volta ao nosso apartamento, sem a equipe do hospital, percebi que, a partir daquele momento, erámos nós — só eu, minha esposa e esta preciosa joia. Eu tinha uma decisão a tomar. Claro, eu poderia ser um grande assistente para minha esposa; poderia ficar na retaguarda e fazer o que me era pedido, como muitos outros pais incríveis. Mas eu queria estar totalmente comprometido e ser o máximo nisso.

Por melhores que fossem minhas intenções, eu ainda me perguntava: "Onde está o manual sobre o que fazer?". Sim, aquela pilha de livros que minha esposa comprara ainda estava intocada no banheiro. Mas a ideia de pegar aqueles livros tão grossos quanto listas telefônicas me parecia como estudar para as provas finais do colégio. Eu precisava de algo mais fácil — uma maneira mais agradável e gentil de aprender *rapidamente* o que eu deveria estar fazendo e como eu poderia melhorar e me tornar o pai que eu sabia que poderia ser.

Era hora de pegar aquele jeans surrado, aquele cinto careta ou a bermuda que parecia vinda direto dos anos 1970. Estava na hora de calçar um tênis bem sem-graça e me preparar para o majestoso "corpinho de pai de família".

Eu com certeza estava determinado, mas nos primeiros dias após chegar em casa eu duvidei de cada decisão que tomava. Eu era como um especialista em bombas designado para desarmar um dispositivo explosivo, tendo que escolher qual fio colorido deveria cortar. Se eu fizesse a escolha errada, o dispositivo ia explodir, me cobrir de vômito de bebê ou lançar estilhaços fecais na minha camiseta favorita?

Esses sentimentos de incerteza não necessariamente desapareceram logo. Na verdade, semanas após o nascimento, enquanto eu perambulava em locais públicos a plena luz do dia, pensei comigo mesmo: "Por que diabo tive uma criança? Como posso ser responsável por algo tão frágil? Eu sou o cara que fez um *piercing* na língua durante as férias no México, com um vendedor ambulante

— meu discernimento é, na melhor das hipóteses, questionável".

Ter um bebê foi um evento que me impactou emocional e fisicamente, enquanto desafiava minha confiança e autoestima. Mas, em poucos meses, eu havia encontrado uma nova zona de conforto.

E, em tudo isso, minha esposa e eu encontramos nosso ritmo. Trabalhamos em conjunto; mesmo que nem sempre tenha sido bonito, fácil ou legal, posso dizer que fizemos isso juntos, e ainda fazemos até hoje. Em certos momentos, operamos como uma equipe, mas também há momentos em que um de nós tem que assumir o volante enquanto o outro descansa. Nunca faltaram situações como esta em relação ao bebê: "Pega, é a sua vez!".

Comecei a abraçar a vida de pai. Decidimos que "um e chega" não era para nós. Depois de Ava, fomos abençoados com dois meninos, Charlie e Mason. Não muito tempo depois, enquanto escrevia o livro *Estou grávido, e agora? O guia para o pai de primeira viagem*, primeiro volume desta série, tivemos Evelyn, a alegre peça final de nosso quebra-cabeça familiar.

Ao escrever isto, estou atualmente vivendo (eu acho) essa experiência pela última vez. Com toda essa bagagem de pai, eu deveria ser craque nisso, certo? Veremos. A história ainda está sendo escrita, mas eu tento fazer o meu melhor todos os dias.

Expectativas para o primeiro ano

Agora que seu filho chegou, é hora de trabalhar duro. Não deixe que ninguém lhe diga que não é difícil. Na verdade, confesso que cada bela foto que postei nas mídias sociais logo após o nascimento de cada um dos nossos quatro filhos capturou um momento que nunca durou mais do que dez segundos.

Ao falar com a família, amigos ou colegas, eu queria que todos sentissem que eu estava vivendo em um paraíso na Terra. Mas enquanto eu estava muito feliz, ao mesmo tempo sentia descontentamento, privação de sono e ansiedade sobre o que o dia seguinte traria. E no mundo da paternidade perfeita — ou, como minha esposa chama, o "lado Instagram da vida" — é possível se sentir muito só ao ver as fotos perfeitamente filtradas de outras pessoas e imaginar que todos os outros têm tudo sob controle. Mas aposto que para cada foto em que as coisas parecem fáceis, perfeitas e calmas, há centenas de momentos cheios de pensamentos como "O que fizemos?". Tirar boas fotos é ótimo para pratos de comida artísticos e decoração de casa, mas quando se trata de paternidade, todos que já passaram por isso podem ver diretamente o que se passa por detrás da foto.

É claro que você vai viver todos os grandes momentos: a alegria, a paz, a harmonia. Esses momentos existem — mas também há o caos, a ansiedade e a pura realidade. E é por isso que escrevi este livro.

Em cada consulta pediátrica, o médico olhava para minha esposa e dizia: "Como *você* está indo, mãe?". Isso é completamente compreensível. Ela tinha passado por uma grande cirurgia, seu corpo e cérebro tinham sido colocados num turbilhão, e como todo pai novato sabe, todas as mães estão em risco de ter depressão pós-parto. Por mais grave que fosse a recuperação de minha esposa, tenho que admitir: eu me senti solitário, galera. Meus amigos que já tinham passado por essa coisa de ser pai estavam ocupados com seus próprios filhos. Eu estava preocupado que, se mostrasse minhas emoções, as pessoas me chamariam de imaturo ou egoísta, e assim mantive minhas inseguranças escondidas. Mas esse também não foi um bom plano.

Agora, posso olhar para trás e dizer que ser pai traz algumas verdades duras que, uma vez aceitas, se tornam mais fáceis de administrar. Aqui estão algumas dicas para lidar com a curva de aprendizado:

TENTE ACOMPANHAR O RITMO. Haverá momentos em que uma proverbial "lâmpada" se acenderá em sua cabeça e você pensará em um estalo: "Eu dei conta!". A realidade é que, justamente quando você pensa que já aprendeu tudo e dominou o estado atual de desenvolvimento do bebê, ele atinge você com um soco no estômago. Bebês rastejam, exploram e mastigam um cotonete usado do chão do banheiro. Assim, você estará perdido de novo, se virando para acompanhar o ritmo.

HONRE SUAS NECESSIDADES. Ninguém consegue fazer um "banco de horas dormidas", mas os pais novos muitas vezes gostariam de ter dormido mais durante as semanas que antecedem o nascimento. Seu corpo pode sobreviver com menos do que você lhe oferece, mas você também precisa saber quando deve cuidar de si mesmo. Dormir é importante para estar presente como pai e parceiro, então estabeleça um plano antes da chegada do bebê, para que você possa garantir que ambos tenham um sono contínuo. E pelo amor de Deus, *durma quando seu bebê dormir*.

SEGURE A ONDA. Muitos homens têm pouca paciência, inclusive eu. Mas as vacas vão tossir antes que você tenha um dia em que tudo correrá como planejado. Para sua própria sanidade, diminua suas expectativas — o mundo não vai acabar por causa de uma maldita diarreia. Minha esposa e eu percebemos que quando você planeja que algo dure mais do que o normal, você sempre estará no horário, e com um recém-nascido, isso é uma grande vitória.

CADA DETALHE CONTA. Cada coisinha que você faz pelo Time Família vale a pena. Trocar fraldas, embalar o bebê para dormir, dar mamadas noturnas ou até mesmo arrumar a bolsa de fraldas proativamente pode significar o mundo para sua outra metade.

MERDAS ACONTECEM. Por falar em bolsa de fraldas, prepare-se para o massacre. Esteja pronto para lidar com um vazamento de fralda (uma verdadeira explosão de fezes que sai pelas costas, pelos lados ou pela frente de uma fralda) assim que percebê-lo. Leve uma roupa extra não só para seu filho, mas para você também (eu sei, mas confie em mim!). Você vai ficar cansado de virar sua camisa do avesso — a maioria dos movimentos peristálticos e micção dos bebês é conhecida pela distância e velocidade a nível olímpico.

CELEBRE PEQUENAS VITÓRIAS. Procure-as em todos os lugares — em uma boa soneca, em um jantar ininterrupto, ou mesmo em um banho que não inclua um bebê urinando em seu rosto.

ENCONTRE SEU NOVO NORMAL. Estar em casa com um recém-nascido é um dos períodos mais emocionantes e fisicamente desgastantes de sua vida. Minha esposa e eu tínhamos a ideia de que nossos bebês se encaixariam naturalmente em nossas vidas e, embora essa fosse uma preparação mental de respeito, estávamos totalmente despreparados para como tudo ficaria *bagunçado* naquelas primeiras semanas. Mas os bebês perdoarão uma sala de estar desarrumada e pratos sujos na pia, então você precisa perdoar a si mesmo também. Você e sua parceira vão ter que descobrir o novo normal. Talvez isso inclua muita comida por delivery e pratos de papel — e tudo bem. Talvez a roupa suja se acumule e você pague uma diarista para dobrar roupas e encontrar aquelas meias órfãs. Trabalhem juntos, encontrem seu ritmo e sejam companheiros comprometidos. Mas, acima de tudo, lembre-se de que há uma diferença entre ter um momento difícil e experimentar condições como depressão pós-parto (página 36); esse é um problema sério e falaremos mais sobre isso no capítulo 1.

INVISTA EM SEU CASAMENTO (ISSO NUNCA FOI TÃO IMPORTANTE). Não importa quão forte seja o vínculo que você e sua parceira tenham, todo relacionamento tem um ponto de ruptura. Espere para ver o que acontece quando um recém-nascido o encontra e o cutuca. Alguém nos disse uma vez que terapia de casais não é para quando você tem um problema; é para lhe dar as ferramentas para combater os aborrecimentos antes que eles se tornem problemas. As dificuldades que já estavam presentes em seu relacionamento serão ampliadas dez vezes após a chegada do bebê. Por outro lado, se houver preocupações escondidas sob a superfície que você ou sua parceira não quiseram lidar, a chegada do bebê só as fará aumentar. Seguem alguns conselhos:

- Considere procurar terapia de casal agora, em preparação para quando as coisas ficarem difíceis. Este pode ser um dos melhores investimentos que você fará para seu filho: dar a ele o modelo de um relacionamento forte para que ele o espelhe no futuro;

- Continue a "namorar" sempre que puder, mesmo que seja num piquenique no chão da sala (minha esposa é fã de comida chinesa e maratonas da Netflix na cama);

- Tente encontrar humor em situações frustrantes;

- Continuem cuidando um do outro.

SEJA RESPONSÁVEL POR SEUS ERROS. Você vai fazer coisas erradas ou questionáveis, ou simplesmente tomará uma má decisão, e tudo bem. Os bebês são bastante resilientes. Apenas aprenda com seus erros e siga em frente.

Parceiros de revezamento

Em longo prazo, o seu esforço por trabalhar em equipe significará que ninguém nunca sentirá que está sozinho. Para esse fim, garanta que as tarefas domésticas e de cuidado infantil sejam compartilhadas — e sim, pais que trabalham em tempo integral, isso também vale para *vocês*.

Pense a respeito: muito em breve, a vida voltará ao *seu* novo normal, e você provavelmente voltará ao trabalho enquanto a mãe continuará a se recuperar e criar laços com o bebê. Quando você chega em casa após uma jornada de trabalho de dez horas, sua parceira também está em casa trabalhando há dez horas — e ela não teve uma pausa para o almoço só para ela. A mãe não será capaz de ser funcional se ela ficar com o bebê o dia todo e a noite toda, e depois ficar acordada com ele também de madrugada. Minha esposa às vezes dizia: “Estou esgotada”. Ter quatro filhos, além de mim, significava que ela estava cansada, e assim como ela gostava de ter nossos filhos por perto, ela também reconhecia que precisava de alguns minutos para ficar sozinha, para sua própria saúde mental. Quando qualquer um de nós fica muito cansado, temos um sinal para o outro — geralmente é pôr o bebê no colo do outro, dizendo em seguida: “Sua vez”.

É importante lembrar que “revezamento” não significa que

a mãe é mentalmente responsável por manter o controle de tudo, e há *muitas* coisas que precisam de atenção no primeiro mês: quando foi a última vez que o bebê foi amamentado/alimentado, o quanto e por quanto tempo (se você estiver usando a mamadeira), de que lado (se o bebê estiver sendo amamentado), quando foi a última troca de fralda de cocô, quando foi a última soneca, e assim vai. Se ao final do dia, tudo o que você fez foi perguntar à mãe o que você precisa fazer ou esperar que ela lhe diga isso proativamente, você não está desempenhando uma parte igual na equipe.

Chegará o momento em que o pai também precisará de uma pausa, e uma mãe feliz e descansada também poderá proporcionar alívio e apoio. Vocês dois devem permanecer juntos e se comunicar para que ninguém entre em colapso ou sinta-se sobrecarregado.

Equipe de apoio

O pai faz parte do núcleo, não do sistema de apoio. Ninguém pode substituí-lo, mas a realidade é que provavelmente você voltará ao trabalho bem rápido após o nascimento do bebê. Nesse caso, ajude sua parceira a completar o sistema de apoio ao redor de vocês para criar a equipe perfeita de pessoas em sua ausência — sejam amigos, família, doulas, consultores de lactação ou quem quer que seja (só não podem ser os vizinhos de *O Bebê de Rosemary*). O provérbio que diz "é preciso uma aldeia inteira para educar uma criança" é verdadeiro, e você e sua parceira serão muito beneficiados por terem pessoas em quem possam confiar.

O advento da paternidade pode ser um verdadeiro teste para o seu relacionamento. Não há dúvidas sobre isso: estar juntos nas trincheiras pela primeira vez gera uma quantidade cavalar de estresse. Ambos estarão exaustos e, inicialmente, só conseguirão aguentar uma única hora, então as horas se tornarão dias inteiros. Alguns momentos vão exigir tudo de vocês dois simultaneamente, enquanto outras vezes você vai se tornar o vencedor absoluto em revezamento para pais. A primeira parte desse ano é um momento para ser hiperconsciente e se concentrar em como você está se comunicando com sua parceira, como vocês estão complementando um ao outro e como um pode ser o ponto forte para as fraquezas do outro. Cuidar de um recém-nascido é um trabalho em tempo integral.

Como usar este livro

O início deste livro se concentra no que é conhecido como o "quarto trimestre". É a época em que a mãe está se recuperando do parto, por isso vamos nos concentrar em como ela está se saindo. Mas após as primeiras semanas, é muito provável que ela esteja lidando com outras mudanças, além de estar se reestabelecendo. Nesse momento, tudo tem a ver com o esforço de revezamento que você fará com sua parceira, o ano repleto de desenvolvimentos do bebê e as "primeiras vezes" que vocês comemorarão juntos. Este livro não é necessariamente para ser lido de cabo a rabo de uma só vez, mas sim para ser lido como um guia de referência para ter certeza de que você está acompanhando seu pequeno, ou para obter uma dose de conselhos para pais.

Dito isso, este não é um livro do dr. Spock — este é um livro de Adrian Kulp. O que quero dizer é que não sou médico — sou pai. Enquanto este livro explica o que você pode esperar no primeiro ano, isso é feito com base na vida real. Ao mesmo tempo em que ofereço uma base de pesquisa atual, o que eu acho mais valioso são os momentos em que posso compartilhar minha perspectiva sobre os milagres e desafios da paternidade, além das estratégias que funcionaram para nós através desse difícil território dos primeiros 12 meses.

Kits de ferramentas

Cada capítulo cobre três meses de desenvolvimento e inclui um kit de ferramentas. Considere esses kits como seus guias de referência rápida. Estes incluirão checklists de coisas úteis para fazer e procurar, e também ofereço tutoriais e dicas sobre habilidades que você vai querer conhecer e conselhos que podem ajudar em diferentes fases. É o verdadeiro cerne da questão, então eu até lhe direi quais itens de bebê valem a pena ter e os que você pode deixar de lado.

Checklists

Estas checklists servirão como "cola" para as coisas que o pai precisa saber para cada mês deste primeiro ano. Pais novatos podem rapidamente consultá-las depois de lerem o livro; ora, você poderia até imprimi-las e mantê-las em seu bolso de trás ou no para-brisa de seu carro.

Tutoriais e dicas

Estes tutoriais são uma combinação de conselhos, demonstrações e instruções. Você pode ter aprendido algumas dessas coisas — tal como enrolar o bebê ou fazê-lo arrotar — em uma aula de paternidade, no hospital ou mesmo no YouTube. Espero que essas dicas sirvam rapidamente para refrescar a memória quando todo o conhecimento tiver se esgotado e você estiver lidando com uma criança gritalhona e tentando freneticamente descobrir por que isso está acontecendo.

Itens para bebês

Quando Jen e eu tivemos nosso primeiro filho, passamos horas vagando por corredores de lojas de varejo para anotar os itens do enxoval do bebê. Nós pedimos dicas, conselhos e sugestões nas redes sociais sobre o que poderíamos precisar; então, quando o bebê chegou, nosso apartamento parecia como a seção de bebês de uma grande loja. A realidade? Usamos apenas cerca de dez por cento de tudo aquilo. Meu objetivo é apresentar a você os itens obrigatórios com base em nossa experiência com quatro crianças.

Estatísticas mensais

Não há nada pior do que se sentir desinformado e, nestes primeiros meses, pode ser útil obter pistas que o ajudem a entender o que sua parceira ou bebê podem estar passando, tanto física quanto emocionalmente. Durante nosso primeiro ano como pais, eu sentia constantemente que estava jogando um jogo de adivinhação, e quero ajudá-los a evitar essa névoa de incerteza. Na parte inicial do livro, esses marcos incluirão observações sobre a recuperação física e mental da mamãe e, após os primeiros meses, grande parte do foco mudará para os marcos de desenvolvimento do bebê. Mas eu prometo continuar lembrando você sobre o que sua parceira também pode precisar.

Metas mensais

Similar ao meu primeiro livro, *Estou grávido, e agora? O guia para o pai de primeira viagem*, eu forneço ideias para metas mensais específicas para ajudar a apoiar sua família em crescimento. Elas serão coisas em que o pai pode se concentrar, e coisas em que vocês podem se concentrar como uma unidade familiar. As metas são projetadas para ajudar seu bebê a se desenvolver, mas também para ajudar sua mente, seu corpo e seu relacionamento neste estranho novo normal, então não se esqueça de ler sobre elas — estas metas podem ser o pontapé inicial na direção certa.

REUNIÃO DE EQUIPE: a comunicação é fundamental. Estas metas ajudam você e sua parceira a ficarem alinhados e comunicarem suas necessidades um ao outro.

SAÚDE E BEM-ESTAR: estas metas o ajudam a manter o controle das necessidades familiares quando se trata de cuidados de saúde, nutrição e bem-estar em geral.

PLANEJANDO-SE COM ANTECEDÊNCIA: Para garantir os melhores resultados ou para se preparar para o inesperado, é vital planejar com antecedência. Estas metas garantem que você esteja um passo à frente.

CAPITÃO DA DIVERSÃO: os pais podem ser divertidos e organizados! Estas metas sugerem atividades para fazer juntos como uma família ou em grupos com colegas que também são novos pais e seus bebês.

AUTOCUIDADO: assim como a mãe, o pai precisa se recarregar para que possa ser a melhor versão de si mesmo para sua família. Estas metas oferecem uma chance para o pai fazer as pausas tão necessárias.

PAPAI DOULA: estar em contato com as necessidades pós-parto da mãe é um presente essencial para sua família. Estas metas oferecerão maneiras de o pai poder apoiar a saúde e a felicidade da mãe durante o período pós-parto.

HORA DA UNIÃO: estas sugestões incluem algumas das minhas coisas favoritas a fazer para fortalecer o vínculo com o bebê e a mãe.

SR. FAZ-TUDO: estas metas envolvem coisas que o pai pode fazer para ajudar na manutenção e limpeza.

PONTOS POSITIVOS: estas metas são ações cuidadosas do dia a dia para mostrar à sua parceira o quanto você valoriza o bem-estar dela e de seu relacionamento.

Protegendo a base

Quando você inicia esta nova aventura, pode parecer que há muito a aprender — e há! Mas vocês farão tudo isso juntos — as fraldas, as mamadeiras, os banhos. A paternidade pode ser uma experiência isolante; sua vida inteira mudou de marcha para atender às necessidades 24/7 de seu novo bebê. "Vida noturna" adquire um significado totalmente novo. Mas é aqui que você e sua parceira podem encontrar conforto: um no outro.

Todas as apostas estão encerradas nas primeiras semanas — você pode se encontrar comendo pizza fria sobre a pia no café da manhã. Você está, neste momento, sobrevivendo. Mas depois de algumas centenas de rodadas de fraldas, mamadeiras e banhos, você vai perceber que está pegando o jeito e que pode estar realmente se tornando bom nisso. Continuando assim, você e sua parceira desenvolverão um ritmo. Um dia, você perceberá que está se divertindo com tudo isso, e esse é um daqueles momentos impactantes. Parabéns, pai novato — você não está mais apenas sobrevivendo; você está realmente lidando com a situação. Agora, vamos levá-lo até lá.

DESCULPE-ME
DESCULPE-ME
DESCUL
DESCULPE-ME

CAPÍTULO UM

ZERO A TRÊS MESES

KIT DE FERRAMENTAS

Zero a três meses

CHECKLIST DE ZERO A TRÊS MESES

CASA

- Certifique-se de que sua casa esteja livre de tintas à base de chumbo, amianto e qualquer tipo de infestação de insetos.
- Comece a apresentar os animais de estimação ao novo bebê (ver página 51).
- Comece a elaborar uma agenda de babá/sistema de apoio. Considere aqueles que podem ajudar durante a semana, à noite e aos finais de semana.
- Prepare o berçário: monte os móveis e os itens do bebê e instale cortinas ou persianas que bloqueiem a luz solar.
- Configure a babá eletrônica.
- Estabeleça uma estratégia para visitas (ver página 36).
- Elabore um plano de refeições e um plano de tarefas domésticas.

BEBÊ

PRIMEIRO MÊS

- Cuidado com a icterícia nos primeiros dias. Se o bebê parecer amarelado, mesmo na parte branca dos olhos, informe o médico. Essa doença comum responde à exposição à luz solar ou tratamento com fototerapia.
- Passe o máximo de tempo possível apenas desfrutando desses primeiros momentos juntos. Toque o bebê com frequência: faça massagens, acaricie e mova suavemente as pernas em movimentos ciclísticos.
- Apoie o pescoço do bebê sempre que você o segurar.
- À noite, mantenha as luzes baixas e a atividade reduzida ao mínimo.

- Mantenha o coto umbilical limpo e seco e o local da circuncisão limpo (se aplicável).
- Tome cuidado com a fontanela (moleira) na cabeça do bebê.
- Ao trocar as fraldas, limpe o bebê da frente para trás.
- Tente manter o leite materno como a principal fonte de alimento do bebê para os primeiros seis meses, até 12 se possível. Caso contrário, invista em uma boa fórmula orgânica — comprar a granel economiza dinheiro!

SEGUNDO MÊS

- Coloque o bebê no berço quando ele ainda estiver sonolento, para que ele possa aprender a adormecer sozinho.
- Fale com o bebê com frequência. Ele adora o som de sua voz.
- Dê ao bebê muitas oportunidades para se mover e assumir posições diferentes.
- Continue aprendendo o que o bebê gosta e o que o acalma.

TERCEIRO MÊS

- Comece o tummy time (hora da barriga, em tradução livre — momento de colocar o bebê de bruços para fortalecer seus músculos). Alguns bebês acham isso frustrante no início, mas é muito bom para eles e os ajuda a ficarem mais fortes. Procure atividades divertidas para o tummy time para ter ideias que sirvam para seu bebê.
- Quando o bebê acordar chorando, resista ao impulso de correr até ele. Dê alguns minutos para ele tentar se acalmar sozinho e voltar a dormir.
- Forneça muitos estímulos visuais coloridos para que o bebê possa desfrutar.
- Continue conversando com o bebê. Isso ajuda a desenvolver a capacidade dele de comunicação própria — ele pode até começar a responder de diferentes maneiras.

MÃE

- Se a amamentação for um problema, entre em contato com um especialista em lactação.
- A mãe deve comer bem e beber muita água, especialmente (mas não só) se ela estiver amamentando.
- Faça um balanço do bem-estar emocional da mãe. Alterações de humor podem ser atribuídas às mudanças hormonais, mas você vai querer estar atento a sinais de transtornos de humor pós-parto, como ansiedade e depressão (página 38).

CONSULTAS MÉDICAS

- Agende suas primeiras consultas com o pediatra.
- Obtenha e reveja o calendário de vacinação do bebê.
- Faça uma lista de perguntas para o médico (aquelas que podem esperar até a consulta).

EVENTOS

- Agende uma sessão fotográfica para recém-nascidos.
- Envie comunicados do nascimento.
- Comece a investigar e planejar quaisquer cerimônias relevantes relacionadas ao nascimento do bebê (brit milá, batismo etc.).

Dicas e tutoriais

Qualidade de vida / Sobrevivência

COMO SER UM PROTETOR EFICAZ

Quer seja a avó amorosa de seu bebê ou uma vizinha que o visita, você pode ser o herói do momento falando em nome de sua parceira e das necessidades dela.

Na maternidade, recebemos a todos — mas apenas porque minha esposa e eu discutimos isso com antecedência e era o que queríamos. Muitos hospitais têm uma política de portas abertas, o que pode ser bom, mas deixa espaço para alguém que queira trazer seu filho inquieto de quatro anos (que quer ficar pulando em cima do leito do hospital). Esse pode ser seu primeiro papel de "vilão": "A mãe está ficando cansada. Provavelmente é melhor deixá-la descansar agora. Muito obrigado por ter vindo". Se isso se tornar um problema, saia sorrateiramente e peça a um funcionário do hospital para vir e dizer a seus convidados que é hora de fazer exames.

Ao voltarem para casa, decidam quando as visitas podem ocorrer e quanto tempo elas durarão. Se alguém aparecer sem aviso prévio, não faz mal começar a colocar um bilhete na porta ou dizer: "Tivemos uma longa noite. Podemos adiar a visita?". O bemestar de sua família vem em primeiro lugar.

O próximo a ser protegido é o bebê. Somente os familiares

e os amigos mais próximos precisam realmente segurar o bebê. Minha esposa e eu sempre sentimos que quanto mais pessoas amassem nossos pequenos, melhor. Mas a realidade é que com mais pessoas vêm mais germes. Nosso pediatra recomendou que todos lavassem e higienizassem as mãos antes e usassem uma barreira entre o bebê e as roupas, como um cobertor ou uma almofada. Ninguém à parte de vocês dois precisa tocar o rosto ou as mãos do bebê. Lembre-se: se você não se sentir confortável, basta gentilmente dizer que você está esperando até que o bebê esteja um pouco mais velho.

Por fim, há a porta. Tenha um código entre você e sua parceira. Se a mãe piscar o olho para você, é hora de mandar esta visita embora. Diga que a mãe está exausta e ofereça-se para acompanhar o visitante até o carro para uma boa despedida.

CONHECENDO OS SINAIS DE TRANSTORNOS DE HUMOR PÓS-PARTO

A "depressão pós-parto" se tornou o termo geral para os transtornos de humor que as novas mães têm devido a uma combinação de fatores, tais como hormônios flutuantes, altos níveis de estresse, privação do sono e exaustão. As mulheres também podem sentir a ansiedade pós-parto, mais comum, porém menos conhecida. Certamente, o parto pode liberar hormônios e emoções por toda a parte, por isso é de se esperar um pouco de choro e preocupação. Mas quando se trata apenas do "*baby blues*" e quando ele passa do limiar para algo mais sério? Há uma infinidade de pesquisas sobre o assunto, mas aqui está a versão curta:

- O "*baby blues*" é caracterizado por sintomas temporários, tais como mudanças de humor, choro, ansiedade, sensação de sobrecarga, irritabilidade, dificuldade de concentração e dificuldade para dormir. Normalmente eles diminuem em cerca de duas semanas.
- A depressão ou ansiedade pós-parto podem durar meses, ou mais tempo se não forem tratadas.
- Os pais também sofrem de depressão pós-parto.
- A depressão pós-parto é temporária e muito tratável.

Os sinais e sintomas variam, mas podem incluir os seguintes:

- Choro excessivo.
- Fúria ou raiva.
- Graves mudanças de humor.
- Dificuldade de conexão com o bebê.
- Fadiga severa ou inquietude.
- Distanciamento dos outros.
- Sentimentos de desespero, desesperança, culpa ou indignidade.
- Sentimento de que você não é um bom pai/mãe.
- Dificuldade de concentração ou tomada de decisões.
- Diminuição do interesse em atividades.

Sintomas mais graves, como alucinações, podem ser um sinal de psicose pósparto.

Se você suspeitar que você ou sua parceira possam estar passando por qualquer um desses sintomas, procure por ajuda no sistema de saúde público ou, se for o caso, em seu plano privado. Para emergências, ligue para 192 ou para o Centro de Valorização da Vida (188) imediatamente. **O mais importante a lembrar é que esses sentimentos são temporários e tratáveis.**

Alimentação

COMO ALIMENTAR PELA MAMADEIRA

Você e o pequeno estão sozinhos e é hora de alimentá-lo pela mamadeira? Então confira o passo a passo:

1. **PREPARE A MAMADEIRA.** Pegue uma mamadeira, um bico e uma tampa limpos. Despeje a fórmula ou o leite materno e feche-a, inclinando-a para certificar-se de que fique bem lacrada.
2. **AQUEÇA A MAMADEIRA.** Coloque a mamadeira em um aquecedor de mamadeiras ou em uma vasilha com água quente por alguns minutos. (Note que as mamadeiras de vidro podem aquecer rapidamente enquanto o leite no interior ainda permanecerá frio. O plástico pode apresentar uma temperatura exterior mais fria e um fluido mais quente).
3. **TESTE A TEMPERATURA.** *Sempre* teste o leite nos pulsos antes de dar a mamadeira ao bebê. A temperatura ideal é a que você

não consegue sentir completamente. Se parecer quente demais para você, definitivamente está quente demais para ele.

4. **POSICIONE O BEBÊ.** Coloque o bebê em uma posição reclinada em seus braços, segure a mamadeira na posição vertical com o bico tocando a boca dele. Ele saberá o que fazer. Insira o bico em um ponto em que o bebê sugue confortavelmente, então, aconchegue-se e aproveite a experiência. Às vezes, pode levar uma gota ou duas de leite materno ou fórmula nos lábios para que o bebê tenha interesse em mamar.
5. **FAÇA O BEBÊ ARROTAR.** Quando ele fizer uma pausa, por volta da metade da alimentação, faça-o arrotar.

COMO FAZER O BEBÊ ARROTAR DA FORMA CERTA

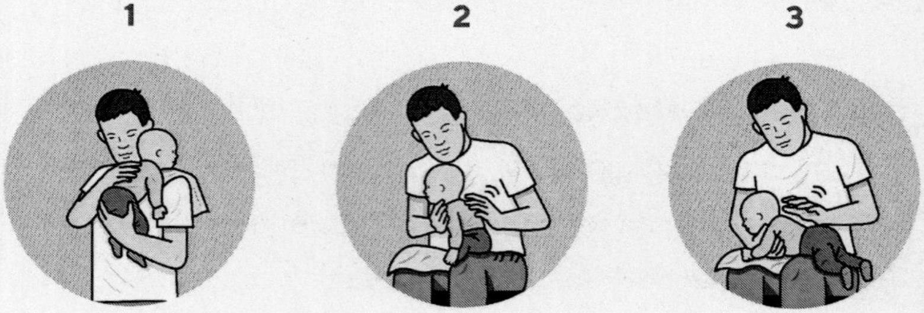

1. Segure o bebê contra o peito com o queixo dele em seu ombro.
2. Suavemente dê palmadinhas nas costas dele usando uma mão curvada por alguns minutos. Você pode ou não obter um arroto (um arroto é uma conquista estranhamente satisfatória, você vai ver!).
3. Em seguida, retome a alimentação, seguida de outro arroto.

Acalmamento

COMO LER OS SINAIS DO BEBÊ

Há algumas dicas-chave, aparentemente sutis, que seu bebê envia para dizer o que ele precisa. O choro é geralmente o último sinal. Antes que o bebê comece a chorar e chegue a um ponto sem retorno, saiba o que deve procurar. Isso pode significar a diferença entre uma transição pacífica ou um festival de gritos. Aqui estão os sinais essenciais do bebê para você conhecer.

FOME

Sinais precoces

Mexer-se

Abrir a boca

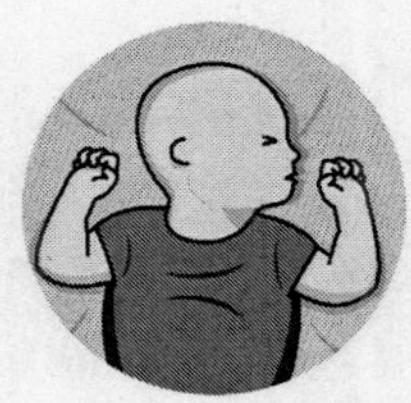

Virar a cabeça
Procurar/buscar

Sinais moderados (também conhecidos como Me alimente agora!)

Alongar-se

Intensificar os movimentos do corpo

Colocar a mão na boca

Sinais tardios

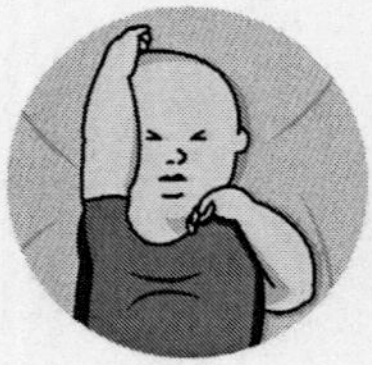

Movimentos corporais agitados

Coloração vermelha da pele

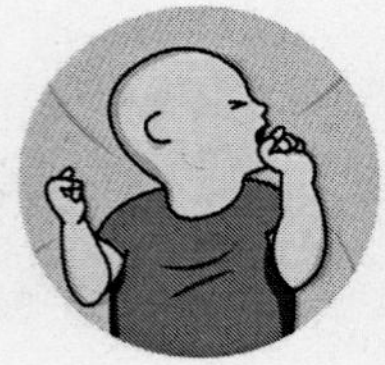

Choro

* Se você perder os sinais precoces, talvez precise acalmar o bebê primeiro antes da mamada. Veja a próxima página para mais dicas e detalhes.

CANSADO/SONOLENTO

- **Bocejar**
- **Esfregar os olhos**
- **Puxar as orelhas**
- **Cerrar os punhos**
- **Perda de interesse em coisas e pessoas**

PRECISA DE UMA MUDANÇA DE ARES

- **Perda de contato visual**
- **Agacha ou dá pontapés**

DICA PARA OS PAIS

Se você perdeu os sinais anteriores e precisa acalmar o bebê primeiro, aqui estão algumas dicas e sugestões:

- Fazer a técnica do charutinho de bebê
- Embalar o bebê
- Oferecer contato pele a pele
- Acariciar levemente a pele do bebê
- Conversar com o bebê

COMO FAZER O CHARUTINHO

Quer deixar o bebê aconchegado? Enrole-o. É como enrolar um burrito:

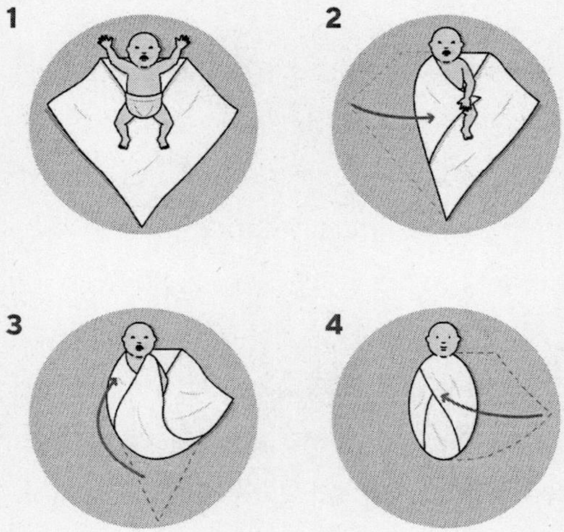

1. Dobre a borda superior da manta para dentro.
2. Deite o bebê com a cabeça na dobra.
3. Traga o canto direito para a esquerda e coloque-o debaixo do bebê. Em seguida, traga a ponta de baixo para cima e coloque-a na primeira dobra.
4. Por fim, traga o canto esquerdo para a direita e enrole-o ao redor. Somente a cabeça e o pescoço do bebê devem permanecer expostos. O charutinho deve estar firme, mas não muito apertado — o bebê deve ser capaz de mover seus quadris e joelhos.

Sono

ALERTA DA SÍNDROME DA MORTE SÚBITA INFANTIL (SMSI)

Todos os pais pensam sobre isso, e como um pai, quero que você saiba que essa preocupação é natural — ouso dizer, é a primeira de muitas questões com as quais você se preocupará. Há algumas condições pré-existentes que podem aumentar o risco, mas aqui está o que você deve saber e o que pode ajudar:

O BEBÊ DEVE DORMIR PERTO DE SEUS PAIS. De acordo com a Academia Americana de Pediatria, os bebês devem dormir no mesmo espaço de seus pais por pelo menos seis meses, em seu próprio berço, cesto ou *co-sleeper*. Há dados significativos que dizem que compartilhar o quarto com os pais pode diminuir o risco de um bebê ter SMSI em até cinquenta por cento.

O BEBÊ DEVE DORMIR DE COSTAS. A SMSI é mais comum em bebês que dormem de barriga para baixo ou de lado. Durante o primeiro ano, incentive o sono de barriga para cima, de costas para baixo.

SUPERFÍCIES FIRMES SÃO AS MELHORES. Edredons fofos, camas d'água e almofadas parecem aconchegantes, mas podem bloquear as vias aéreas do bebê.

DURMA COM O BEBÊ EM UM ESPAÇO SEGURO. Apesar de minha esposa e eu sermos grandes fãs de dormir junto ao bebê, se você optar por um *co-sleeper*, certifique-se de usar uma cama que permita ao bebê ter um espaço seguro para si.

NÃO SUPERAQUEÇA O BEBÊ. Embora possa parecer tentador manter o bebê aquecido, deixá-lo quente demais pode aumentar o risco de SMSI.

Outros fatores que aumentam o risco incluem a exposição ao fumo passivo, baixo peso ao nascer, problemas cerebrais e doenças respiratórias.

COMO ENCONTRAR UMA ROTINA PARA A HORA DE DORMIR

O estabelecimento de uma rotina traz muitos benefícios: ajuda o bebê a saber quando a hora da soneca está chegando e o ajuda a adormecer mais rápido, estabelece uma rotina familiar e o ajuda a associar a hora de dormir com o conforto da união. Tudo isso deixa o bebê mais feliz e bem descansado.

Aqui estão algumas dicas para estabelecer uma rotina:

FAÇA UM PLANO. Dar um banho ou massagem, aconchegar, ler um livro juntos, cantar canções suaves e baixar as luzes: tudo isso prepara o cenário para o tempo de inatividade. Encontre seu ritmo e aproveite esse tempo juntos sem pressa.

LEIA OS SINAIS. Quando compreender os sinais de sono do bebê, você será capaz de preparar a soneca para quando fizer mais sentido. Isso pode ajudá-lo a estabelecer uma rotina.

TERMINE NO BERÇO. Quando o bebê estiver sonolento, leve-o para o berço para que ele possa aprender a adormecer sozinho. Continue tentando, mesmo que não tenha sucesso no início. Essa é uma grande vitória — vai prepará-lo para os bons hábitos de sono que virão adiante.

BUSQUE CONSISTÊNCIA. Embora a vida siga seu curso, tente manter a rotina e o tempo regulares para ajudar o bebê a saber o que esperar. Agora o desafio é ajustar a vida de sua família em torno da rotina de seu mais novo membro!

RETOME A VIDA. Não sinta que você precisa ficar na ponta dos pés enquanto o bebê cochila. Uma de minhas maiores conquistas é passar o aspirador no quarto durante a soneca — meus filhos agora podem dormir apesar de qualquer coisa.

Aprendizados e brincadeiras

COMO BRINCAR COM SEU RECÉM-NASCIDO

Pode ser muito cedo para matricular seu bebê no futebol, mas você ainda pode se divertir com ele.

TREINE AS PERNAS. Eu costumava colocar meus pequenos sobre um cobertor e fazê-los movimentar os braços e pernas — para cima e para baixo, ou movimento de bicicleta, suavemente.

ACIONE OS SENTIDOS.

- **Audição:** sua voz é o melhor entretenimento que o bebê pode querer. Cante para ele. Conte segredos a ele. Vamos ser honestos, é mais barato do que terapia. Sempre me vi falando com nossos bebês como se falasse com meu colega de quarto bêbado da faculdade enquanto o levava de volta para casa: "Você é um excelente ouvinte agora, não é?" Além do valor inesperado do entretenimento, sua voz pode ajudá-los a captar as palavras e o tom em uma idade precoce.

- **Visão:** com um mês de idade, o bebê pode fazer contato visual e concentrar-se em coisas a trinta centímetros de distância. Entretenha o bebê — e a si mesmo — fazendo caretas. Chacoalhe um guizo e veja se o bebê pode encontrar a fonte desse barulho. Brinque de "Siga o Dedo" — enquanto a visão do bebê continua a se aguçar, dedicar alguns minutos a jogos de "rastreamento" irá acelerar o processo.

- **Tato:** faça uma massagem suave no bebê. Acaricie a bochecha com um cobertor de seda ou um bicho de pelúcia. Movimente os pés dele seguindo o ritmo de uma canção.

Higiene

COMO DAR BANHO NO BEBÊ

Quer você use uma luxuosa banheira, uma banheira infantil de plástico ou a pia da cozinha, você vai querer preparar o banho do bebê. Reúna o seguinte:

- Sabonete suave para bebês
- Duas ou três toalhas de rosto
- Copo de plástico
- Toalha de bebê macia e uma toalha de pelúcia grossa
- Roupa limpa (para o bebê, embora você possa precisar de uma camisa limpa também quando tudo estiver terminado).

Agora é hora do banho!

1. **PREPARE UMA ÁREA PÓS-BANHO.** Limpe uma área e coloque uma toalha sobre outra mais grossa.

2. **CUIDADO COM O UMBIGO.** Se o bebê ainda não tiver perdido seu coto umbilical, dê ao bebê um banho de espuma com esponja da cabeça aos pés com um sabonete para bebês e uma toalha de rosto quente e úmida, evitando o umbigo. Lave o bumbum do bebê por último, e, em seguida, reserve outra toalha. Enxágue todo o sabão com a segunda toalha de rosto e enrole o bebê na toalha de banho.

3. **ENCHA A BANHEIRA.** Se o coto umbilical tiver caído, você pode encher uma banheira para bebês o suficiente para que o bebê consiga se sentar em um pouco de água morna. Teste a água antes de colocar o bebê no banho. Nunca tire sua mão do bebê.

4. **LAVE DA CABEÇA AOS PÉS.** Começando pela cabeça do bebê, use uma toalha de rosto quente e úmida para espalhar uma pequena quantidade de sabão sobre a pele dele. Apoie o corpo e o pescoço do bebê enquanto você segue para baixo. Deixe o bumbum do bebê para o final. Coloque a toalha de lado — pronto!

5. **ENXÁGUE.** Encha um copo de plástico com água do banho e despejea sobre o tronco e as pernas do bebê para mantê-lo aquecido e enxaguá-lo. Molhe a segunda toalha e lave o sabão de seus cabelos.

6. **ENROLE.** Coloque o bebê sobre a toalha de banho limpa. Enrole-o, secando a cabeça e o corpo. Abrace o bebê até que ele esteja quente e seco, e depois vista-o com roupas limpas.

Tenho que aproveitar essa oportunidade para compartilhar alguns anúncios de utilidade pública, embora muitos deles sejam de senso comum. Não use uma pia com um triturador de lixo embutido. Não deixe o bebê sem vigilância nem mesmo por uma fração de segundo. O bebê é escorregadio. E o bebê pode fazer xixi. Você pode usar um terceiro pano de lavagem para manter essa área coberta enquanto você o banha, para que *você* não tome banho. Além disso, minha esposa adora tomar banho com nossos bebês e o considera um dos melhores momentos de união.

COMO LIDAR COM A CIRCUNCISÃO

Se você decidiu circuncidar seu filhote, você precisará conhecer os cuidados posteriores. A circuncisão de um menino normalmente cicatriza dentro de sete a dez dias. Durante esse tempo, ao trocar fraldas, você removerá delicadamente qualquer cocô ou sujeira com um pano quente e úmido. Mantenha sempre no local vaselina ou algum tipo de creme protetor recomendado por seu pediatra, para que a ferida não fique colada à fralda e para evitar a adesão peniana (quando a ferida adere ao próprio pênis). Seu pediatra pode orientá-lo a cobrir o creme com um pedaço de gaze esterilizada para proteger o local.

DICA PARA OS PAIS

Estoque macacões que abram pela frente, e não só por baixo. Essa peça única e funcional pode ser puxada para baixo do bebê, em vez de para cima. No caso de um vazamento da fralda, isso irá poupá-lo da agonia de espalhar fezes pelo rosto do seu filho. (Cabe observar que foram necessárias três crianças para que eu descobrisse essa dica).

Proteção para bebês

MANTENDO UM BEBÊ IMÓVEL EM SEGURANÇA

Nessa fase, você não estará realmente se aprofundando na proteção, mas pode garantir que o ambiente do bebê esteja seguro. Isso pode incluir:

- Garantir que os preparativos para a soneca do bebê se encontrem com as normas de segurança atuais (ver página 44);
- Certificar-se de que um adulto esteja sempre presente quando o bebê e animais de estimação estiverem na mesma sala (veja abaixo: "Como introduzir animais de estimação"). A mesma lógica se aplica às crianças pequenas. Tanto os animais de estimação quanto as crianças podem se comportar de forma imprevisível;
- Esteja atento para que a temperatura ambiente não esteja exageradamente quente ou fria e que o bebê esteja vestido de forma apropriada para cada temperatura.

COMO INTRODUZIR ANIMAIS DE ESTIMAÇÃO

Seu animal de estimação era seu bebê original, e agora há um novo astro no pedaço. O que o pobre Totó deve pensar? Para guiar você e seu animal de estimação ao sucesso, considere estas dicas:

COMECE CEDO. Se estiver lendo isso antes da chegada do bebê, você pode iniciar agora os preparativos em relação ao seu animal de estimação. Deixe-o sentir o cheiro do creme para bebês e das fraldas para que ele se acostume com esses aromas. Compre uma nova cama de cãozinho ou gatinho para substituir o antigo lugar do animal entre você e sua parceira. Se o bebê já está presente, parece que é hora de iniciar as apresentações.

APRESENTE AOS POUCOS. Quando Ava nasceu, eu trouxe para casa uma fralda molhada do hospital para o cão farejar antes da alta, para que ele conhecesse o cheiro dela. Quando o bebê chegar à casa, leve o tempo necessário para as apresentações. Tente não repreender seu animal de estimação toda vez que ele se aproximar do bebê. Faça esforços para retomar a vida normal e permita que seu animal de estimação faça as coisas que ele sempre fez. Se seu animal de estimação ficar excessivamente agitado na presença do bebê, em vez de bani-lo, tente passar o bebê para outra pessoa e dar um abraço por alguns minutos em seu cachorro.

MANTENHA O AMOR VIVO. Por mais desafiador que o tempo seja, tente passar momentos de amor com seu animal de estimação e deixe-o saber que ele ainda é importante. Se você puder, encarregue amigos, vizinhos ou um passeador de cães para ajudar a cuidar do animal e passar um tempo com ele.

FIQUE ATENTO. Jamais deixe animais de estimação e bebês sozinhos juntos. Movimentos bruscos do bebê ou ruídos podem assustar os animais de estimação, e os animais são animais — mesmo o melhor deles pode se comportar de forma imprevisível.

Pediatria

SAIBA QUANDO LIGAR PARA O MÉDICO

As doenças comuns para bebês incluem cólicas, candidíase, assaduras, crosta láctea, acne neonatal, dutos lacrimais entupidos, aumento ou diminuição da micção ou da evacuação — a lista vai longe — e isso não inclui nem mesmo doenças como febres ou resfriados. Como pai, agora você está encarregado do bem-estar de outra pessoa. Então, quando você deve procurar ajuda médica? Aqui estão algumas considerações:

NÃO ESPERE. Febre, crises prolongadas de choro, vômitos — alguns sinais indicam claramente que é preciso ligar para o médico. Não espere o fim de semana — peça ajuda, mesmo que isso signifique uma ida à emergência.

CONFIE EM SEUS INSTINTOS. E quanto àquela área cinzenta? Talvez você não tenha certeza. Confie em seus instintos. Quando tiver alguma dúvida, entre em contato com o médico. Vocês são os pais e seus instintos são confiáveis. Vocês escolheram esse profissional para responder às necessidades de seu bebê, e como tal, você tem todo o direito de buscar a opinião médica dele.

ENCONTRE O MÉDICO CERTO. Se você achar que seu médico é pouco receptivo, paciente e/ou prestativo, você pode considerar a possibilidade de procurar outro pediatra mais acessível.

Itens para bebês

Obrigatórios

- **Fraldas de pano e/ou normais:** esta é uma grande decisão. Uma talvez seja mais consciente em relação ao meio ambiente e a outra nem tanto, mas economiza tempo. Tentamos usar fraldas de pano, mas não funcionou para nós. Minha esposa e eu colocamos fraldas descartáveis na lista do enxoval de nossos últimos filhos. Armazenamos os pacotes na lavanderia, que servia como estoque de emergência.

- **Mamadeiras:** mamadeiras de plástico em geral são mais baratas do que as de vidro; no entanto, elas também podem liberar produtos químicos no leite materno ou na fórmula durante o processo de aquecimento. Se você preferir mamadeiras de plástico, aqueça o líquido *antes* de colocá-lo dentro da mamadeira. As mamadeiras de vidro são mais pesadas e, é claro, cuidado para não as deixar cair.
- ***Co-sleeper* ou berço lateral:** existem excelentes produtos

à disposição para posicionar o bebê no meio da cama ou próximo a ela. Há uma versão de berço lateral, o *co-sleeper*, que fica encostado ao lado da cama, facilitando a entrada e a saída durante a noite. Lembre-se de que o bebê esteve dentro da barriga da mãe por quase um ano; esperar que ele se "jogue de cabeça" em um berço sem ninguém no quarto é um pedido difícil para um recémnascido. Além disso, pesquisas sustentam a ideia de que os bebês que dormem perto dos pais conectam-se aos ritmos respiratórios deles. Isso pode ser muito benéfico para o bebê, e algo a se pensar em relação à SMSI (ver página 44).

- **Bomba tira-leite e acessórios:** você pode usar a versão da bomba motorizada que vem em uma bolsa elegante (sempre fomos fãs da marca Medela). Mas o dr. Brown ensinou a minha esposa um movimento com a mão que veio "à mão" em momentos de ingurgitamento, quando o bebê não estava disposto ou não tinha condições de ser amamentado. Minha esposa jura que, para um bombeamento mínimo, a bomba manual foi muito melhor para ela do que qualquer bomba elétrica.
- **Bolsas de fraldas:** você pode encontrar um milhão delas vendidas online especificamente para o pai, o que é fantástico. Uso uma mochila com muitos mosquetões e bolsos laterais para guardar mamadeiras ou líquidos.
- **Trocador de fraldas portátil:** algo que resista a manchas e

líquidos e ofereça um pouco de conforto ajudará naqueles dias no playground, quando você precisar montar uma estação de troca de fraldas em um banco de jardim quente.

- **Sacolas plásticas:** nunca se sabe quando você vai precisar jogar fora uma fralda suja ou guardar a roupa que o bebê estava usando durante esse incidente.

- **Paninho de boca:** bons para ter à mão se você não quiser inutilizar camisetas a uma taxa diária. Na verdade, eu usei minhas camisetas sujas como paninhos para a hora do arroto, pensando em poupar a próxima geração de camisas.

- **Acessórios de proteção solar:** o ar fresco é maravilhoso, mas faça tudo que puder para manter o bebê fora da luz direta do sol. A pele dele é muito sensível e o bebê não pode usar protetor solar durante os primeiros três meses ou mais. Você vai querer ter uma sombra em seu carrinho de bebê e um guarda-sol se você tiver que sair no auge do dia. Considere também um ventilador de bateria ou recarregável que se prenda ao carrinho.
- **Assento de carro para bebê:** para crianças dessa idade, escolha uma cadeirinha virada para trás. Deixe os assentos conversíveis para quando eles tiverem mais de dois anos de idade.

- **Carrinho de bebê:** usamos um carrinho que você pode encaixar a estrutura no assento do carro (isso será útil porque você não vai querer acordar o bebê para levá-lo para dentro e para fora do veículo quando usar o carrinho de bebê).

- **Canguru para bebê:** há anos, adicionei o canguru para bebê à nossa lista de enxoval, juntamente a uma bolsa externa (usada nas costas) para caminhadas etc. Ambos foram extremamente úteis, e se eu não tivesse conseguido carregar meu filho, não teria conseguido fazer praticamente *nada* nesses primeiros anos.

- **Pomada protetora:** experimente Vaselina, Desitin, Balmex, Triple Paste, Aquaphor (vendidas no Brasil) ou A+D, Boudreaux's Butt-Paste e Calmoseptine (importadas) — você vai encontrar sua marca favorita. Cremes barreira para prevenção de assaduras são claros, enquanto os cremes brancos mais espessos são geralmente usados para tratar assaduras.

Desejáveis

- **Aplicativos para bebês:** há muitos e excelentes aplicativos para bebês por aí. Nós utilizamos o aplicativo Wonder Weeks, que estabelece marcos de desenvolvimento com base na data prevista e não na data de nascimento. Ele lhe dirá o que está por vir, quais marcos de desenvolvimento devem ser observados e quais elementos divertidos e envolventes devem ser esperados durante as próximas semanas.

- **Espelhos:** algumas fontes argumentam que eles não são seguros porque encorajam a tirar seus olhos da estrada. Mas eu sinto que um espelho retrovisor é crucial quando você está dirigindo sozinho, para que você possa olhar e rapidamente confirmar que seu bebê não está em perigo. Um espelho também vem a calhar como um acessório dentro do berço do bebê — ver a si mesmo pode ocupá-lo por tempo suficiente para você conseguir dobrar algumas peças de roupa.

- **Aquecedor de mamadeiras:** quando precisei de uma mamadeira quente, não tive o luxo de ligar um aparelho, adicionar água e esperar até atingir a temperatura desejada. Se você estiver usando a fórmula e tiver a opção, compre uma daquelas fantásticas máquinas que tanto aquecem como distribuem a fórmula.

- **Cadeira de descanso:** é bom poder colocar o bebê em um lugar onde ele ficará feliz por um tempo. Nós apreciamos dois tipos de cadeiras: as do tipo tradicional (manuais, sem partes eletrônicas ou automáticas) e as vibratórias (podem fazer movimentos sozinhas para acalmar e embalar o bebê).

- **Móveis:** você pode encontrar os móveis mais incríveis feitos à mão em lojas de varejo, e também há lojas outlet vendendo produtos que servem aos mesmos propósitos. Qualquer coisa que possa ser pendurada no teto com cores e padrões altamente contrastantes é ótima para prender a atenção do bebê, mesmo que seja uma coleção de suas latas de cerveja favoritas (embora eu recomende latas vazias).

- **Chupeta:** eu poderia ir em qualquer direção nesse caso. Alguns de nossos filhos adoravam suas chupetas porque elas lhes proporcionavam uma oportunidade de se acalmarem sozinhos. A desvantagem é que os bebês podem se viciar e quebrar esse hábito pode se tornar um desafio. Meu conselho? Use o que funciona por enquanto — não se estresse com isso.

- **Chocalhos:** eles encorajam o desenvolvimento sensorial e podem distrair bebês exigentes.

- **Brinquedos para morder:** os bebês adoram mastigar. Tenha consciência de qual você compra — nem todos esses brinquedos são confiáveis. Escolha aqueles especificamente projetados para o prazer de mastigar. Os de madeira são na verdade uma escolha inteligente, assim como os que você pode refrigerar.

- **Tapete de atividades:** usamos o mesmo tapete de atividades para todas as nossas crianças — um simples tapete com dois arcos que se levantam sobre o bebê com brinquedos pendurados e espelhos.

- **Carrinho de bebê:** sair é importante — acredite nas palavras de alguém que quase se tornou "agorafóbico" após o nascimento do primeiro filho.

Dispensáveis

- **Aquecedor de lenços umedecidos:** foram introduzidos no mercado depois que começamos a ter filhos, e eu senti que poderia economizar algum dinheiro simplesmente colocando um lenço umedecido no meu punho quente por vinte segundos. Confirmado. Além disso, esse aparelho tende a secar os lenços umedecidos.

- **Mesa de troca de fraldas:** com total supervisão, praticamente qualquer coisa pode ser uma mesa de troca de fraldas se você colocar um trocador de fraldas portátil nela. Além disso, uma mesa de troca dedicada fica rapidamente coberta com roupa dobrada, fraldas, papéis e loções para bebês, não deixando espaço para colocar o bebê sobre ela.

- **Roupa de cama para berço:** com as atuais diretrizes de segurança que ditam nada no berço, exceto o lençol e uma saia de cama, os antigos amortecedores, edredons e calços são mais do que desnecessários — eles podem ser perigosos.

- **Sapatos:** Eu entendo. Algumas pessoas ficam loucas por causa de sapatos, e eu nunca vou convencê-las a não os comprar para seu bebê de duas semanas de vida. Mas se você não é essa pessoa, por que não os deixar desfrutar a vida com meias por um tempo? Nossos filhos começam a usar calçados macios por volta de um ano de idade.

PAI
CAMPEÃO

PRIMEIRO MÊS

PESO MÉDIO	COMPARAÇÃO DE PESO
Três quilos	Escada de alumínio de um metro e oitenta, galão de tinta

Como foi a viagem de volta do hospital para casa? Você sentiu um frio na barriga ao colocar as mãos no volante pela primeira vez após a saída do hospital? Desde meus dias na faculdade, quando fui designado a um trabalho de entregador de barris durante uma tempestade de neve, eu não sentia isso, essa pressão avassaladora para entregar um pacote com segurança.

Então, você chegou em casa inteiro, e o conforto de seu próprio lar é incrível, não há profissionais do hospital (incrivelmente úteis como são) saindo e entrando de seu quarto a cada cinco minutos; também não é preciso dormir em uma cadeira reclinável com mais rodagem do que uma cama de hotel.

Mas com todas essas visitas de enfermeiras vinha uma tonelada de ajuda: literalmente uma bíblia de conhecimento à sua disposição. Eu tentei seguir cada movimento delas; elas mostram o essencial para manter seu bebê vivo, pulando os testes intermediários e enviando você direito à prova final. E assim que você colocar um pé fora daquele hospital, tudo dependerá de você e de sua parceira.

Com sorte, durante esse tempo você teve muito apoio: do pediatra, dos avós, do consultor em aleitamento materno e, possivelmente, de sua doula. Ou talvez seja apenas você. De qualquer forma, as primeiras semanas são emocionantes, mas estressantes. Uma coisa que as enfermeiras disseram realmente ficou na minha cabeça: *"Se você puder começar apenas reproduzindo a rotina do hospital em casa, você já conquistou a parte mais importante da transição"*.

Os horários de cuidado e amamentação permanecerão realmente os mesmos, com pequenos ajustes a cada dia. E os bebês vão fazer cocô. E sim, eles vão lhe acordar à noite.

Portanto, prepare-se para a primeira semana (ou mais) ser muito exaustiva física, mental e emocionalmente. Mas ao final de cada dia, basta lembrar que definitivamente há uma luz ao final do túnel.

Todos os homens antes de você (tudo bem, *a maioria* dos homens — nós perdemos alguns soldados ao longo do caminho) conseguiram passar por isso e muitos continuaram tendo uma, duas, três ou mais dezoito crianças, como no caso do patriarca Jim Bob Duggar — ex-deputado do estado de Arkansas tornado celebridade televisiva pela extensa prole. *Vai* ficar melhor. A vida *vai* se tornar mais fácil. Você e sua parceira *vão* encontrar uma maneira de fazer com que isso funcione para ambos.

Meu conselho mais simplificado durante a primeira semana é este: não conte que conseguirá o descanso que precisa nem o descanso ao qual está acostumado. Contrarie isso baixando suas expectativas para si mesmo nesses momentos de exaustão. Tenha uma grande força de vontade. Beba um café forte. Cochile quando o bebê cochilar.

ATUALIZAÇÕES DA MÃE

- Se foi um parto natural ou uma cesárea, a mãe está em modo de recuperação e sangrará muito por qualquer lugar de uma a quatro semanas após o parto.
- Sabemos que é óbvio, mas vou dizer de qualquer forma: o sexo está fora de questão esse mês.
- Os hormônios estão se ajustando e as emoções estão potencialmente à flor da pele, o que pode incluir choro, sentimento de frustração e ansiedade.
- A amamentação pode afetar a mãe, pois ela está lidando com o esgotamento de nutrientes e o bebê preso a ela 24 horas por dia, sete dias por semana.
- Podem surgir bolhas devido ao aleitamento (ai!). Um banho quente de sal de Epsom pode abrir os dutos da mãe e promover um fluxo mais livre, e o mesmo vale para ficar em quatro apoios e deixar os seios soltos para baixo (sem brincadeira).
- A depressão pós-parto pode ocorrer na mãe e até mesmo no pai — isso é diferente de baby blues (ver página 37) e deve ser avaliado com rapidez junto ao médico de sua família.

ATUALIZAÇÕES DO BEBÊ

- A maioria das crianças perderá um décimo do seu peso na primeira semana, mas irá recuperá-lo nas próximas duas. Se isso não acontecer, seu pediatra lhe falará de algumas opções para ajudar o bebê a ganhar peso mais rapidamente.
- Alguns bebês podem ter o crânio em forma de cone ao nascer. Não se preocupe, essa forma flexível é perfeitamente normal e a cabeça do bebê começará a se remodelar por conta própria.
- O bebê se cansará facilmente — sugar leite enquanto respira é uma ação complexa para recém-nascidos.

- A posição fetal se torna cada vez menos frequente; os bebês começam a esticar seus braços e pernas.
- Os excrementos do bebê transitarão de uma cor esverdeada bastante escura (mecônio) para carvão líquido, várias misturas de mostarda e eventualmente um sólido amarelado (como mostarda Dijon), que continuará até você começar a lhe oferecer alimentos sólidos.
- Seja hiperconsciente do ponto macio no topo da cabeça do bebê, também chamada fontanela ou moleira.
- Choros vão acontecer — acostume-se a deixar o bebê chorar por dois a cinco minutos.
- Cólica é real, embora seja um pouco misteriosa e tenha poucos ou nenhum sintoma. Procure pelo padrão dos três: qualquer bebê saudável que chora por mais de três horas por dia, três dias por semana, por mais de três meses. Procure por gripe water, probióticos e ervas (não, nada de maconha) — veja com seu pediatra algumas ideias para aliviar a dor do bebê (e a sua).
- Crosta láctea (crostas brancas ou amarelas no couro cabeludo do bebê) e acne neonatal não são perigosas e sumirão após algumas semanas com banho de xampu suave.
- Mantenha sua câmera preparada — você pode testemunhar o primeiro sorriso ou risada do bebê! Pode ser apenas uma flatulência, mas é fofo mesmo assim.
- Outros desenvolvimentos divertidos podem incluir virar a cabeça para o lado, mover os punhos em direção ao rosto, rastreamento visual de perto e até mesmo virar a cabeça ao perceber vozes e/ou sons familiares.

COMPROMISSOS INADIÁVEIS

- Consulta de três a cinco dias
- Consulta de uma semana (se estiver abaixo do peso)
- Consulta de duas semanas

> **NOTA SOBRE VACINAÇÃO**
>
> O cronograma de vacinação está disponível com seu pediatra, e é obrigatório por lei segui-lo à risca. Você é o maior defensor de seu filho. Não tenha medo de discutir esse cronograma e a aplicação de cada vacina, se tiver preocupações. As vacinas trazem alguns riscos, mas os benefícios tendem a superá-los em grande parte.

Metas

REUNIÃO DE EQUIPE

Passe pela primeira semana. Esta semana resume-se a sobrevivência, portanto, diminua suas expectativas agora mesmo. Dance conforme a música; nada de fazer julgamentos. Comemos *muita* pizza durante essa primeira semana e muitas vezes nem mesmo queríamos aquecê-la. Você não precisa estar a par de tudo — apenas se concentre em sua família. Mais importante ainda: *aceite ajuda* na forma que ela for oferecida. E nunca esqueçam que vocês têm um companheiro de equipe — cuidem um do outro quando puderem e apoiem-se quando for preciso.

SAÚDE E BEM-ESTAR

Faça um seguro para o bebê. Você geralmente tem trinta dias após o nascimento para incluir o bebê ao seu seguro de saúde, e este deve ser retroativo. Pesquise os prazos para seu plano.

Cuidado com o coto do cordão umbilical. Quando o cordão umbilical é cortado entre o bebê e a mãe, normalmente é fixado com um grampo plástico que se assemelha a um pregador, que geralmente é removido antes de se deixar o hospital. Serão necessários vários dias para o coto secar e cair. Meu conselho é evitar ser indiferente e alheio; caso contrário, você pode se virar e testemunhar seu cachorro roer o coto após ter caído no piso. Sem brincadeira.

Defenda o bebê de ser tocado. Como regra geral, limite os estranhos que tocam o bebê. Se a família e os amigos quiserem interagir, por favor, certifique-se de que eles lavem bem as mãos. Seu bebê ainda não tem sistema imunológico para combater os germes externos, você é a única defesa dele. Não fique louco mandando as pessoas irem tomar banho, mas uma boa lavagem das mãos e bom senso (não beije meu filho!) valem muito.

Conheça as golfadas. O líquido da golfada é geralmente branco com uma minúscula quantidade do que parece ser leite coalhado. Se for qualquer outra coisa ou se você estiver em dúvida, entre em contato com seu médico imediatamente.

Não se apresse nas interações. Seu recém-nascido é uma esponja: passar tempo falando, brincando e interagindo com ele é de suma importância para ele absorver esses comportamentos. Isso ajuda a estimular o desenvolvimento do bebê, e esses são momentos que você nunca mais vai ter.

CAPITÃO DA DIVERSÃO

Saia. É importante para o seu bem-estar sair de casa. Durante meus primeiros meses em casa com nossa primeira recém-nascida, tive medo de levá-la a qualquer lugar. Estava nervoso sobre como me comportaria em público (sem saber realmente o que estava fazendo), porém mais ainda ao ter que argumentar com estranhos que queriam interagir com ela — fora os germes. Tenha um plano (mantenha o bebê apertado ao seu corpo em um canguru ou coberto em um assento de carro/carrinho de bebê) e você ficará bem.

AUTOCUIDADO

Descanse um pouco. A mamãe ainda está no processo de recuperação e você também pode estar emocionalmente exausto. Você ouvirá isso um milhão de vezes: durma quando o bebê dormir. Pode ser difícil dormir profundamente, mas dê o seu melhor — se você não conseguir ficar bem, você não poderá ser o melhor pai.

SR. FAZ-TUDO

Preparação para o sucesso. Avalie o que você pode fazer para tornar sua casa mais amigável para o bebê (aparelhos ou ventiladores sem ruído, almofadas extras no sofá, garrafa de água estratégica colocada onde a mamãe amamenta [isso dá sede!]).

PAPAI DOULA

Seja um detetive da dieta. Se seu bebê estiver tendo problemas digestivos, lembre gentilmente à mãe de eliminar culpados como laticínios, cafeína, cebola e repolho, o que pode ajudar o bebê a se sentir melhor e a soltar menos gases.

PONTO POSITIVO

Etiquete a mercadoria. Se sua parceira estiver produzindo leite o suficiente para bombear e congelar, disponha-se a organizá-lo e etiquetá-lo. Eu mantive leite materno no freezer, organizado do mais velho para o mais novo. Quando a mãe não estava por perto, eu aquecia o primeiro e o colocava dentro da mamadeira.

HORA DA UNIÃO

Comece a ler. Nunca é cedo demais para começar a ler para seus pequenos. Comece com livros ilustrados que tenham embutidos ferramentas sensoriais. Há uma tonelada de livros por aí que ajudam a melhorar e incentivar os sentidos da visão, audição, tato e talvez até mesmo o olfato.

MEGA
SUPER
ULTRA
PAI

SEGUNDO MÊS

PESO MÉDIO	COMPARAÇÃO DE PESO
Quatro quilos e meio	Bola de boliche, tender de natal

Você tem algumas semanas de experiência. Mas depois da fanfarra, as pessoas voltaram às suas vidas. Se você teve a sorte de tê-los por perto, seus pais e sogros já se foram há muito tempo. Agora você é um robô bem-sucedido, uma máquina de cuidar de bebês. A coisa está começando a realmente acontecer.

Com nossa primeira filha, Ava, minha esposa e eu tínhamos toda a intenção de dividir as tarefas noturnas. A realidade é que, se a mãe estiver amamentando, ela vai precisar cuidar do bebê. Minha esposa amamentava, depois me acordava e me entregava a bebê para fazê-la arrotar, trocar a fralda dela e enrolá-la de novo para poder colocá-la no berço.

Nós realmente fizemos aquela coisa de revezamento. Isso também funciona muito bem se você estiver alimentando com a mamadeira — cada um de vocês precisa apenas alimentar o bebê uma vez e então o outro consegue obter pelo menos algumas horas de sono.

Embora a maioria das fontes sugira que os novos pais sigam a recomendação de oito horas de sono por noite, números mais realistas e estudos recentes mostram que você terá, em média, em torno de quatro horas e 44 minutos de sono por noite, se você tiver sorte. É hora de preparar uma bebida energética.

Seu bebê continuará a encontrar conforto em seu toque, seu aconchego, estando perto de sua pele, e na maioria dos casos, nos seios da mãe.

ATUALIZAÇÕES DA MÃE

- A mãe está passando por uma mudança hormonal. É normal vê-la feliz num minuto e chorosa ou sobrecarregada logo depois. Isso geralmente dura apenas alguns dias e deve se estabilizar nesse ponto. Se isso não acontecer, fale com sua parceira e/ou talvez sugira que ela fale com o médico sobre como obter mais apoio com essa questão.
- Se a mãe fez uma cesariana, ela ainda não deve carregar coisas muito pesadas. Ela também pode ter um checkup de seis semanas programado com seu obstetra/ginecologista.

ATUALIZAÇÕES DO BEBÊ

- O bebê continua a ficar mais forte e a mostrar habilidades motoras básicas, incluindo manter sua cabeça firme enquanto estiver sendo segurado na vertical, endireitando suas pernas e tentando chutar.
- O bebê pode começar a mostrar entusiasmo, felicidade e/ou contentamento.
- Seu bebê está ficando mais forte e consciente de seus dedos.
- A visão e a audição lideram o desenvolvimento de sentidos no bebê — ele começará a reconhecer os rostos dos pais e a reagir a grandes movimentos e cores com alto contraste. O bebê também mostrará emoção ou reação em relação a ruídos dirigidos a ele.
- Continue buscando um sorriso — algumas vezes, os bebês responderão com um sorriso para o sorriso de um dos pais.
- O bebê se tranquiliza com o toque dos pais.

- É muito provável que você comece a ouvir sons.
- O bebê deve ser amamentado de oito a 12 vezes durante um período de 24 horas, consumindo entre 350 mililitros a um litro de leite.
- O bebê dorme entre 14 e 18 horas por dia, com sorte, entre oito e nove horas por noite e sete a nove horas por dia, com três a cinco cochilos.

COMPROMISSOS INADIÁVEIS

- **A consulta pós-parto de seis semanas da mãe**
  - *O obstetra/ginecologista irá perguntar sobre quaisquer preocupações de potencial DPP (depressão pós-parto).*
- **A consulta pediátrica de dois meses do bebê**
  - *Pergunte que marcos devem ser observados.*
  - *Traga sua lista de perguntas e lembre-se: nenhuma pergunta é ultrajante demais.*
  - *Consulte o cronograma de imunizações para saber com antecedência quais vacinas virão.*

Metas

TRABALHO EM EQUIPE

Sigam o curso juntos. Lembre-se de ficarem na retaguarda um do outro diariamente. Enfrentar desafios é algo que é melhor feito em conjunto do que sozinho.

Encontre seu ritmo. Neste ponto, se você ainda não encontrou seu ritmo de revezamento, faz sentido estabelecê-lo. Dividir as responsabilidades e decidir quem lida com o quê em relação ao trabalho e à casa é de suma importância para a paz de espírito e a tranquilidade do lar.

Aprimore suas habilidades de desaceleração. Há uma linha tênue entre acalmar o bebê usando métodos tradicionais e ficar com preguiça e dá-lo à mãe para amamentar. Esforce-se para exaurir as outras razões pelas quais o bebê pode estar angustiado (veja “Como ler os sinais do bebê” na página 41 para relembrar).

SAÚDE E BEM-ESTAR

Observe a descida dos testículos. Você vai querer ficar de olho nos testículos do bebê enquanto eles continuam a se desenvolver. É normal que os testículos dos meninos demorem várias semanas, meses ou mesmo anos para descer por completo — mas se eles não descerem até os seis meses de idade, é importante obter tratamento. Faça com que seu pediatra esteja ciente em cada visita.

Cuidados com a circuncisão. Se você optou pela circuncisão de seu bebê, já que ela continua a cicatrizar, você pode perguntar ao médico se está tudo bem e quais são as coisas a serem observadas, como a aderência peniana (ver página 19). Faça seu melhor para limpar suavemente a área com um pano morno e úmido para remover quaisquer partículas fecais ou sujeira.

HORA DA UNIÃO

Acalme-se em relação ao sexo. A maioria dos médicos recomendará esperar cerca de seis semanas antes de começar a pensar em "atividades extracurriculares". Seja aberto e honesto com sua parceira — não faz sentido apressar algo para o qual o corpo dela talvez não esteja preparado. As mudanças hormonais e a amamentação também podem contribuir para a excitação ou hesitação de sua parceira em ter relações sexuais. Encontre outras maneiras de ser íntimo — vocês podem se aconchegar e até ressuscitar o velho passatempo divertido de "dar uns amassos" se você sentir necessidade.

Continue conversando. Sim, fale com sua parceira, mas também faça brincadeiras quando conversar com o bebê. Quando você estiver carregando-o por aí, fale sobre o que você está fazendo ao longo do dia — os bebês absorvem isso.

Planeje algo a dois. Você e sua parceira poderiam aproveitar algumas horas para lembrarem que ainda são pessoas e não apenas a equipe de serviço ao bebê 24 horas por dia. Existe alguém que você confia para cuidar de seu bebê por algumas horas? Talvez uma noite quando sua banda favorita estiver na cidade? Faça um plano. Troque essa bermuda surrada e os tênis de pai e vá em busca de alguns tipos diferentes de diversão.

AUTOCUIDADO

Exercite seu corpo. É extremamente fácil se sobrecarregar com o fim da gravidez e os primeiros meses em casa. Ganho de peso de pais é uma coisa real, e é normal se você tiver que adicionar um ou dois furos no seu cinto, mas é melhor você pensar em inverter essa tendência! Encontrar uma hora para se exercitar ajuda não apenas seu corpo, mas também sua mente.

EL PADRE
NUMERO
UNO

TERCEIRO MÊS

PESO MÉDIO	COMPARAÇÃO DE PESO
5,8 quilos	Melancia, um maltês adulto

Se tiverem sorte, você e sua parceira têm um sistema em vigor. Mas os bebês são imprevisíveis, então você já está partindo de uma posição em que o inesperado provavelmente ocorrerá. A flexibilidade é fundamental.

Minha esperança é que seu bebê esteja ganhando peso, comendo regularmente e, com alguma sorte, você esteja vendo menos evacuações. Você pode começar a contar com as sonecas. Lembro como eu fantasiava com a hora da soneca — eu tinha grandes planos para faxinas e pagar contas. Na maioria das vezes, eu acabava reaquecendo sobras do jantar, aumentando o volume da babá eletrônica e fechando meus próprios olhos. O que às vezes é a resposta certa.

Este será um grande mês se a mãe regressar ao trabalho, e pode ser uma separação realmente difícil. Mesmo se ela estiver animada com a perspectiva de voltar, ainda é provável que seja um período muito emotivo. Ela também pode estar tentando voltar ao seu peso pré-bebê ou ter que ajustar seu guarda-roupa para um ambiente ocupacional. Talvez vocês estejam procurando uma cuidadora, babá ou creche. Vá em frente. Ofereça uma mãozinha (ou duas), pesquise, encontre ajuda potencial, faça algumas visitas e dê sua opinião. Apoiem um ao outro.

ATUALIZAÇÕES DA MÃE

- Talvez a mãe volte ao trabalho este mês — questões pendentes incluem planos de cuidado infantil, arranjos de transporte, opções de bombeamento, armazenamento de leite e ansiedade de separação.
- A mãe pode estar tentando perder parte do peso extra da gravidez — comentários positivos do parceiro são de grande valia!
- Os hormônios da mãe ainda estão se ajustando. Continue em alerta para sinais de depressão pós-parto (página 38). Fique longe de sentimentos de isolamento saindo para tomar ar fresco e socializando com os outros.

ATUALIZAÇÕES DO BEBÊ

- As evacuações podem diminuir, o que é normal se o bebê estiver ganhando peso e comendo.
- Esteja vigilante contra vazamento das fraldas (ver página 99). Fezes ácidas e até mesmo a umidade podem agredir o bumbum do bebê e causar bolhas.
- O bebê deve ganhar entre 450 e oitocentos gramas este mês e crescer cerca de 1,3 centímetro.
- Ele deve beber de 118 a 177 mililitros a cada refeição, totalizando de 710 mililitros a um litro por período de 24 horas.
- O bebê deve cochilar de três a quatro vezes por dia e dormir de 15 a 17 horas por dia.

PRIMEIRO TRIMESTRE | TERCEIRO MÊS

- O desenvolvimento das habilidades motoras inclui abrir e fechar as mãos, brincar com as mãos, levar as mãos à boca, segurar objetos e balançar objetos pendurados.
- A coordenação de mãos e olhos se inicia, e o bebê faz contato visual.
- O bebê está ficando mais forte, talvez levantando a cabeça e o peito enquanto deitado de barriga para baixo ou mantendo a cabeça firme enquanto permanece sentado no seu colo.
- Ele está aprendendo a entender a si mesmo, usando a expansão de suas habilidades de comunicação para expressar emoções.
- O bebê pode sentir sua primeira regressão do sono. Esse é o momento em que a rotina da hora de dormir vem a calhar.

COMPROMISSOS INADIÁVEIS

- **Consulta de três meses**
  - *Traga sua lista de perguntas e questione em quais marcos se deve prestar atenção.*
  - *Saiba quais vacinas devem ser antecipadas, se houver.*

Metas

PLANEJANDO-SE COM ANTECEDÊNCIA

Planeje-se para a babá. Se você ainda não tem uma, faça uma checklist para a babá.

Comece a documentar. Ainda tem aquele livro de recordações do bebê na mesa de café? Tire alguns minutos para marcar algo engraçado antes de esquecê-lo. Se o livro não estiver à mão quando algo bom acontecer, escreva em um pedaço de papel — você pode transferir para o livro mais tarde (ou apenas construir uma coleção de histórias em papel). Lembre-se de que quando tudo estiver acabado, você ficará com as lembranças. Assegure-se de tê-las armazenadas em algum lugar.

REUNIÃO DE EQUIPE

Planeje o retorno da mãe ao trabalho. O retorno da mãe ao trabalho pode parecer como atirar uma chave inglesa nas engrenagens do sistema que você estava prestes a aperfeiçoar. Converse e revise essa agenda.

SAÚDE E BEM-ESTAR

Saiba quando se retirar. *Nunca* sacuda um bebê quando você se sentir frustrado. Além da evidente desumanidade do ato, ele pode causar graves danos aos sistemas em desenvolvimento do bebê ou, ainda pior, a morte. Se você estiver à beira de um ataque de nervos, solte o bebê ou saia um pouco para respirar fundo.

PONTO POSITIVO

Faça o turno da noite. Ofereça-se para alimentar o bebê à noite para que a mãe possa dormir.

AUTOCUIDADO

Encontre sua tribo. Procure outros pais de primeira viagem e encontre um novo grupo de convivência de pais. Ninguém terá mais compreensão de onde você está mental e fisicamente do que um punhado de colegas de confiança.

CAPÍTULO DOIS

QUATRO A SEIS MESES

KIT DE FERRAMENTAS

QUATRO A SEIS MESES

CHECKLIST DE QUATRO A SEIS MESES

CASA

- [ ] Coloque capas protetoras à prova de bebês em todas as tomadas acessíveis.
- [ ] Coloque cadeados nos armários.
- [ ] Mova os produtos químicos para pontos mais altos, fora do alcance do bebê.
- [ ] Olhe o mundo do ponto de vista de um bebê curioso. Abaixe-se e olhe embaixo de móveis, mesas de café e almofadas. Observe todas as coisas fascinantes que ele vai querer tocar, derrubar e colocar na boca. Proteja, mova ou descarte itens perigosos ou valiosos.

BEBÊ

QUARTO MÊS

- [ ] Certifique-se de que o bebê só tenha acesso a itens seguros — ele começará a colocar tudo na boca.
- [ ] O bebê terá mais mobilidade a cada dia. Garanta que ele esteja sempre bem supervisionado e/ou devidamente contido para evitar quedas.

QUINTO MÊS

- [ ] Avalie continuamente o entorno do bebê quanto aos riscos de segurança, ou seja, qualquer coisa que o bebê possa agarrar, comer ou derrubar.
- [ ] Continue abrindo espaço em sua atribulada vida para passar um tempo de qualidade com o bebê. A personalidade e as capacidades dele crescem a passos largos — não perca nem um minuto!

SEXTO MÊS

- [ ] Encontre novos jogos para brincar com o bebê quando ele começar a sentar. Mantenha-o cercado de travesseiros para que cada pouso seja suave.
- [ ] Ofereça ao bebê muitos brinquedos de várias formas e texturas.
- [ ] Experimente estímulos sensoriais: respingue água, sopre bolhas, ajude-o a ficar de pé na grama — tudo isso é uma grande exposição ao grande novo mundo do bebê.
- [ ] Dê o pontapé inicial no círculo social do bebê com algumas horas de brincadeira ou de contar histórias na biblioteca.

MÃE

- [ ] Assim como o pai, a mãe se beneficiará do envolvimento com outros pais, quer ela esteja de volta ao trabalho ou não. Grupos de brincadeiras, contação de histórias e aulas de Mamãe e Eu são algumas das maneiras pelas quais ela pode se conectar com outras mamães e bebês em tempo real. As pessoas que você conhecer agora estarão correndo paralelamente a você e ao bebê por anos, então tenha em mente que, ao fazer parte desses grupos, vocês podem desenvolver algumas amizades duradouras.
- [ ] A mãe precisa de um encontro com você. A esta altura, espero que você tenha uma babá de confiança. Surpreenda-a com uma noite fora na cidade.
- [ ] Verifique com a mãe problemas com amamentação ou bombeamento.
- [ ] Seja aberto e fale sobre sexo e intimidade. Ela também pode ter alguma ansiedade em relação a seu novo corpo de mãe.

CONSULTAS MÉDICAS

- ☐ Hora dos checkups pediátricos de quatro e seis meses do bebê.
- ☐ Ambos os checkups podem incluir imunizações.
- ☐ Traga sua lista de perguntas para o médico.
- ☐ Observe os passos do desenvolvimento do bebê — o médico pode confirmar que ele está no caminho certo.

EVENTOS

- ☐ Meio-aniversário: meio ano de vida é algo a se comemorar. Mesmo que sejam apenas vocês três, façam uma coroa para o bebê e cantem para ele enquanto o alimentam com mingau de aveia para bebê.

Dicas e tutoriais

Alimentação

COMO INTRODUZIR OS SÓLIDOS

A maioria dos pediatras não recomendam iniciar o bebê em alimentos sólidos até cerca de seis meses de idade, mas se o bebê se sentar bem sem apoio e você sentir que ele está pronto, você pode introduzi-lo a esses alimentos. Uma das primeiras coisas recomendadas é dar ao pequeno farinha de aveia ou cereais de arroz para bebês. Esses são alimentos de baixo teor alergênico e suaves para começar. (Algumas pessoas dão frutas a seus bebês e depois descobrem que eles não têm interesse em alimentos batidos no liquidificador)

FAÇA SEU DEVER DE CASA. Procure um cereal de grãos orgânicos reforçado com ferro, o que ajuda o corpo e o cérebro em desenvolvimento do bebê.

FAÇA UMA MISTURA. Você vai querer misturar um pouco de cereal com água, fórmula ou leite materno (foi o que fizemos) para alcançar uma consistência mais líquida. A comida pode estar à temperatura ambiente ou até um pouco mais fresca.

PREPARE E SIRVA. Com um babador no bebê e um pano macio de reserva, você pode começar a alimentá-lo. Certifique-se de que ele esteja totalmente ereto. Coloque uma quantidade minúscula de comida em uma colher de bebê e leve-a até sua boca. Se ele estiver tão pronto quanto você pensa, ele abrirá a boca e aceitará a comida que você põe na boca dele. Isso pode levar várias tentativas.

SABOREIE A EXPERIÊNCIA. As primeiras refeições são mais uma introdução do que qualquer outra coisa — e não uma substituição das mamadeiras! Elas continuarão sendo muito utilizadas. Mas enquanto o bebê aceitar a colher, continue alimentando-o um pouco de cada vez. Quando o bebê cerrar os lábios ou se afastar da colher, ele está lhe dizendo "chega".

VÁ DEVAGAR. Introduza apenas um novo alimento a cada semana, para que você possa ver como ele responde e apontar exatamente de onde qualquer alergia ou problemas podem estar vindo.

DÊ PASSOS DE BEBÊ. Uma vez que você tenha alimentado o bebê, digamos, com aveia, por uma semana, você pode passar para outra comida.

MISTURE E COMBINE. Você pode combinar dois alimentos previamente introduzidos (por exemplo, arroz e peras) com líquido e servir como uma mistura.

PERSISTA. Às vezes serão necessárias múltiplas tentativas para que o bebê decida se ama ou odeia algo. O paladar dele irá mudar, e de repente ele vai se cansar de algo que amava. Basta continuar reintroduzindo os alimentos de vez em quando.

COMIDA INICIAL	QUATRO A SEIS MESES

LÍQUIDOS

- Leite (fórmula ou materno)
- Água

GRÃOS

- Cevada
- Farinha de aveia
- Arroz

VEGETAIS

- Abóbora
- Feijão verde
- Batata doce

FRUTAS

- Abacate
- Banana

COMO IR ALÉM DO BÁSICO

Salvo qualquer conselho contrário de seu pediatra, você pode começar a introduzir outros alimentos. Algumas dicas sobre isso:

- Tente texturas. Comece com alimentos cremosos e misturas, e depois tente misturas mais espessas, quando o bebê mostrar capacidade de administrá-las. Certifique-se de que ele seja capaz de mastigar os alimentos com uma consistência que possa engolir. É claro, alimentos mais duros (como a carne) precisam esperar até que os dentes cheguem.
- Ao introduzir os ovos, certifique-se de que eles estejam totalmente cozidos.
- Tenha certeza de que todos os sucos, leites, queijos e laticínios servidos sejam pasteurizados. Estes nunca devem ser crus, pois as versões cruas podem causar infecção bacteriana.
- Não alimente um bebê com mel até depois dos 12 meses de idade. As bactérias encontradas no mel podem deixá-lo muito doente (botulismo).
- Quando o bebê começar a se adaptar aos purês de comida, ele pode gostar de um bom iogurte congelado em tubos (prefira orgânico). Compramos tubos de iogurte orgânico, cortamos ao meio e congelamos (você também pode cortá-los depois de congelados) — é uma sobremesa fantástica e saudável para o bebê que fará um duplo dever na cura das gengivas doloridas.

- Saiba que isso não tem que significar o fim da amamentação. Minha esposa amamentou cada um de nossos filhos até cerca de dois anos de idade — eles comiam alimentos sólidos e ela os amamentavam de forma intermitente durante a manhã e à noite.

COMO DETECTAR ALERGIAS ALIMENTARES

Quando você começa a introduzir alimentos sólidos, certas alergias podem surgir. Aqui estão algumas coisas para saber e dicas:

CONHEÇA OS MAIORES INFRATORES ALIMENTARES. Os oito maiores alergênicos são leite, ovos, castanhas, amendoins, soja, peixe, crustáceos e trigo.

CONHEÇA SEU HISTÓRICO FAMILIAR. Fale com sua família (os membros com relação sanguínea mais próxima). Se você não tiver um histórico familiar significativo de alergias, seu pediatra provavelmente dirá que tudo bem tentar qualquer coisa (com exceção do mel).

INTRODUZA UM ALIMENTO DE CADA VEZ. Dessa forma, você saberá o que causa uma reação.

PRESTE ATENÇÃO. A maioria das reações alérgicas a alimentos ocorre dentro de uma hora após o consumo. Um bebê pode ter uma reação imediata e assustadora a um alimento (sibilo, dificuldade de respirar, inchaço, vômito grave ou diarreia); nesse caso você deve ligar para a emergência. Os sinais de alergia podem incluir:

- Urticária, vergões, erupção cutânea ou eczema no rosto, corpo ou na região da fralda
- Inchaço do rosto, dos lábios ou da língua
- Vômito e/ou diarreia
- Tosse, sibilo ou dificuldade para respirar
- Perda de consciência

ENCONTRE UM BOM ALERGISTA. Se você suspeita que seu bebê tem uma alergia, marque uma consulta com um alergista. Ele indicará o culpado e encontrará uma solução.

Acalmamento

COMO SUAVIZAR DORES NAS GENGIVAS

Seu bebê está completamente obcecado com a própria boca? Está babando como uma torneira e não consegue manter as mãos fora da boca? Parece que os dentes estão se preparando para chegar. Você pode ajudar, fazendo seu pequeno se sentir mais confortável:

- Esfregue as gengivas do bebê com o dedo limpo.
- Ofereça uma toalha de rosto gelada ou um anel de dentição gelado (não congelado).
- Com sua supervisão constante, ofereça um alimento frio e duro (como uma cenoura ou um pãozinho) para mastigar. Esteja atento e leve embora o alimento se pequenos pedaços se romperem.
- Sirva tubos de iogurte congelados, cortados pela metade.
- Forneça um remédio infantil para aliviar a dor.

COMO IDENTIFICAR E TRATAR ALERGIAS

Seu bebê pode desenvolver uma erupção cutânea ou ficar com comichão e você não sabe de onde isso vem. Nem toda alergia é alimentar. Alergias ambientais e reações adversas a certos produtos são muito comuns, especialmente com produtos que entram em contato com a pele sensível do bebê. Algumas dicas incluem:

VERIFIQUE SEUS PRODUTOS DE LIMPEZA. Se você abraça seu bebê enrolando-o em mantas ou deixa-o sobre a cama, você deve ter atenção quanto aos produtos que usa para limpar esses itens, assim como quaisquer produtos que você usa no rosto ou pele do bebê — essas coisas podem não fazer bem à pele supersensível do bebê. Você e sua parceira descobrirão em tempo hábil se seu filho se incomoda com certos perfumes e sabões. Um de nossos filhos tem mais sensibilidade na pele, como o pai, mas os outros nunca tiveram grandes problemas. Todos os bebês são diferentes.

CUIDADO COM OS ÓLEOS ESSENCIAIS. Há alguns lugares em que a comunidade de pais naturebas e os da boa e velha medicina ocidental tendem a se sobrepor, mas muitas vezes o uso de óleos essenciais, sobre ou ao redor de recémnascidos, é pouco discutido. A pele deles é mais fina e eles podem absorver quantidades perigosas. Peça sugestões a seu pediatra se você for um fã de óleos essenciais. Alguns são seguros em certas aplicações, enquanto outros podem não ser. Aja com segurança e faça seu dever de casa, depois certifique-se de que todos os óleos estejam incluídos em suas varreduras de segurança e colocados fora de alcance.

SEJA UM CONSUMIDOR INTELIGENTE. Se você for como eu, tende a ajudar compartilhando as responsabilidades do supermercado. É importante verificar os ingredientes em qualquer coisa que você esteja colocando em seu bebê, seja xampu, sabonete, loção ou creme antiassadura. Verifique as avaliações online. Se seu pequeno começar a desenvolver uma erupção cutânea, interrompa o uso dos itens que entraram em contato com aquela área até que você tenha descoberto o culpado. A maneira mais fácil de saber se um produto é saudável é que ele deve ter uma lista de ingredientes que você possa realmente pronunciar.

TENHA EM MENTE AS ERUPÇÕES CUTÂNEAS. Com a introdução de alimentos sólidos podem surgir algumas assaduras. Elas podem indicar uma alergia, que pode se tornar bastante severa se não for tratada. Consulte um alergista, ele ajudará a determinar que alimento(s) pode(m) estar causando essa reação. Troque as fraldas assim que elas estiverem molhadas ou sujas. Use um creme de barreira transparente para proteção, e para uma erupção cutânea ativa, use um creme espesso com óxido de zinco.

Sono

COMO FAZER A TRANSIÇÃO PARA O PRÓPRIO QUARTO DO BEBÊ

Você pode estar pronto para recuperar seu próprio quarto. Veja aqui como fazer a transição da forma mais suave possível.

DÊ O TOM DO QUARTO. Estabeleça o novo dormitório como um lugar onde a tranquilidade impera. Evite brincadeiras desordenadas aqui — caso contrário, o bebê associará o espaço à diversão. Comece a passar o tempo sereno de descanso do bebê no novo quarto dele. Sente-se e leia livros. Ouça música suave. Mantenha a iluminação baixa.

HONRE A ROTINA. Não importa a hora do dia em que você está colocando seu filho no berço — pense em desacelerar. Essa é a rotina que diz ao bebê "Atenção: a hora de dormir chegou". Desligue a TV, cerre as cortinas e deixe o ambiente mais escuro, fresco e silencioso.

MOMENTO ACONCHEGANTE. Você pode colocá-lo sobre seus ombros e andar com ritmo, ou dar-lhe um banho quente e ler uma história. O objetivo é deixá-lo sonolento.

COLOQUE O BEBÊ SONOLENTO NA CAMA. Alguns bebês gostam de ser amamentados antes de dormir. Os especialistas lhe dirão que esta não é uma grande ideia porque eles adormecem com leite na boca, o que não é bom para os dentes, e eles podem não aprender a se acalmar sozinhos para dormir. Idealmente, você vai querer colocar um bebê sonolento na cama e deixá-lo adormecer por conta própria.

SEJA PACIENTE. Se o bebê acordar após apenas alguns minutos em uma soneca ou sono noturno, deixe-o tentar adormecer, mesmo que ele se agite um pouco. Pode ser preciso um pouco de paciência para que ele volte a dormir. Tente de novo. Muitas pessoas podem dizer para deixá-los "gritar". Minha esposa e eu não somos e nunca fomos fãs desse método. Dito isso, há uma diferença entre permitir que um bebê se agite por alguns minutos e que ele chore por meia hora, uma hora, ou, como nossa única incursão no Método CIO (Cry It Out – Deixe o bebê chorar, em tradução livre), cinco horas.

UM ÚLTIMO CONSELHO: Dito tudo isso, você definitivamente não quer que o bebê consiga dormir apenas em um tipo de ambiente ou cenário. Você não quer sair de férias um dia? Bebês que são capazes de dormir com barulho ou que podem dormir em outros lugares que não seu berço ou assento de carro serão mais flexíveis ao longo do tempo. Se você deseja que sua família cresça ainda mais, você considerará isso uma vitória.

Aprendizados e brincadeiras

COMO JOGAR JOGOS SENSORIAIS

Seu bebê é uma esponja e o tempo de brincar é de suma importância para seu desenvolvimento. Considere brincar como o primeiro emprego do bebê. Você pode ajudá-lo nessa jornada, estimulando brincadeiras que envolvam todos os sentidos.

Em relação às brincadeiras, lembre-se de duas coisas: esteja com o bebê e *você* é o melhor brinquedo de todos. Você também pode brincar e ele vai gostar de sua companhia. Deite-se no chão com o bebê enquanto ele brinca — não é preciso que ele o veja sentado no sofá e sinta o cheiro de seus pés fedorentos. Envolva-o com caras engraçadas e jogos de imitação. Deixe-o explorar seu rosto e suas mãos. Cantem e dancem juntos. Seja o inventor de grandes atividades que irão aprofundar seu relacionamento e ajudar o bebê a crescer.

Alguns grandes jogos sensoriais incluem:

BRINCADEIRA NA ÁGUA. A hora do banho é divertida, mas o bebê também pode desfrutar da água brincando sentado em uma cadeira ou no colo, dentro ou fora de casa. Encha até mesmo uma panela com a menor quantidade de água e o bebê pode se divertir muito. Use um copo para despejar água sobre as mãos dele ou encha uma pistola d'água para molhar as mãos dele. Arrume um pato de borracha e deixe o bebê tentar agarrá-lo. Quando ele ficar mais velho, você pode adicionar esponjas, funis e copos com vários buracos para que ele explore. A supervisão constante é essencial, mesmo com uma pequena quantidade de água.

ESCONDER E ACHAR. "Onde está o papai? Achou!". Essa brincadeira desperta reações divertidas do bebê, mas também ensina a permanência do objeto — ou seja, só porque você não pode ver algo não significa que não esteja lá. Você também pode brincar de esconder e achar um brinquedo, colocando um copo ou uma toalha sobre ele e depois retirando para revelar o brinquedo — "Para onde foi o bloco? Achou!".

BRINCAR COM A COMIDA. Sim, você pode passar o resto da infância dizendo para ele não fazer isso, mas brincar com a comida é, na verdade, uma ótima maneira de introduzir os alimentos e torná-los mais aceitáveis. Ela também ensina ao bebê que coisas moles e que fazem lambança podem ser divertidas. Coloque uma pequena quantidade de cenouras amassadas na bandeja do bebê e deixe-o pintar com os dedos à vontade.

BRINQUEDOS SENSORIAIS. Qualquer coisa que faça barulho, guinchos ou chocalhos quando pressionados ou sacudidos são ótimos. Tapetes e centros de atividades com brinquedos acoplados são outras opções fantásticas. Você também pode fazer o seu próprio. Batuque alto com tachos e colheres. Ou, se a mãe estiver dormindo, use recipientes plásticos para seu tributo ao Led Zeppelin.

SAQUINHOS SENSORIAIS CASEIROS. Confira o Pinterest ou o Youtube para um universo de ideias de saquinhos sensoriais para bebês. Encha um saco Zip Lock com alguns brinquedos pequenos, lantejoulas, areia, pompons, miçangas — o que não tiver bordas afiadas — e depois acrescente um pouco de gel de cabelo barato para tornar o saco “amassável”. Você também pode simplesmente encher o saco com bolinhas de gel (você pode encontrá-las online). Pressione o ar para fora, sele com fita adesiva colorida e depois cole-a na bandeja alta da cadeira ou em um tapete no chão. Você ficará tão obcecado com esse brinquedo quanto o bebê. Ainda bem, porque é necessária supervisão constante — ele traz perigos de asfixia e coisas que você não quer que o bebê ingira.

GARRAFA SENSORIAL. Encha uma garrafa de plástico com feijão, arroz e brinquedos. Sele (reforce com fita adesiva) e depois deixe o bebê agitar e rolar. Novamente, certifique-se de estar presente sempre que o bebê estiver brincando com seus brinquedos caseiros.

Higiene

COMO CORTAR AS UNHAS DO BEBÊ

Que bebê tão doce. Mas as pequenas garras de lobisomem podem se tornar uma ameaça ao seu rosto, aos seios da mamãe e à pele de qualquer irmão que elas entrarem em contato. Seu bebê tem idade suficiente para que as unhas tenham se destacado da pele, mas ainda é uma boa ideia usar o cortador de unhas de bebê (eles geralmente têm uma lupa). Dica: às vezes é mais fácil fazer isso quando eles estão dormindo.

1. **Puxe a pele para trás.** Use seu polegar para pressionar suavemente a pele da ponta do dedo do bebê para longe da unha dele.
2. **Siga a curva.** Corte ao longo da curva da unha.
3. **Vá com calma.** Não há necessidade de cortar muito rente.
4. **Lixe a unha.** Finalize lixando as bordas ásperas com uma lixa de unha.

Se você está muito preocupado com essa tarefa, pule os passos de 1 a 3 e simplesmente lixe as unhas. Isso levará mais tempo, mas é uma maneira muito suave de encurtar as unhas do bebê.

PRODUTOS NATURAIS DE LIMPEZA

Com seu bebê prestes a engatinhar, ele vai estar tocando tudo que estiver à vista. Depois de tocar, ele vai levar os dedos e mãos à boca. Embora muitas vezes nos preocupemos com germes e sujeira, também vale a pena pensar nos materiais de limpeza que você usa para remediar isso.

REVEJA SEUS MATERIAIS DE LIMPEZA. Com o que você limpa seus tapetes e/ou pisos? E os rodapés ou corrimãos? Armários? Leia as etiquetas, então...

MUDE PARA LIMPADORES NATURAIS. Procure por limpadores que sejam biodegradáveis, à base de plantas, hipoalergênicos, livres de corantes ou fragrâncias sintéticas, não inflamáveis e que não contenham cloro, fosfato, petróleo, amônia, ácidos, solventes alcalinos, nitratos ou boratos. Lojas de alimentos naturais geralmente oferecem materiais de limpeza saudáveis, mas também é possível encontrálos em um número cada vez maior de supermercados.

Proteção para bebês

COMO DEIXAR SUA CASA SEGURA PARA BEBÊS: PARTE UM

Com o engatinhar a caminho, você vai querer deixar sua casa segura com uma inspeção completa. Use as seguintes dicas para proteger o bebê:

CONFIRA TODOS OS CANTOS DA CASA. Comece sua jornada por toda a casa no nível de seu bebê. (Essa pode ser uma experiência mais emocionante depois de uma ou duas bebidas para adultos.) Ao engatinhar, observe as coisas que seu bebê poderia potencialmente colocar na boca — moedas soltas, baterias, tampas de garrafas, pílulas ou suplementos, *Slime*, LEGOs, ímãs (especialmente as bolas magnéticas, que podem se encontrar umas às outras após a ingestão, causando beliscões nos intestinos e uma séria crise médica), clipes de papel, pequenos pedaços de plástico ou lixo e balões de sua última festa de aniversário.

DEFINA A ÁREA DO BEBÊ. Mesmo que você seja favorável ao apego, vai descobrir que é necessário deixar o bebê sozinho de vez em quando, e ter uma área segura na casa para isso é primordial. Com todos os nossos filhos, nós tivemos uma verdadeira área para bebês que incluía um tapete mais macio ou piso de borracha para brincar, com um cercadinho ou "jaula" para mantê-los seguros. Nós colocamos brinquedos para bebês lá dentro, e daí em diante era pura segurança.

TAMPE AS SAÍDAS ELÉTRICAS. Não há nada como colocar o mindinho em uma tomada e ser arremessado através da sala. Coisa seríssima. Tampas de tomadas são muito baratas e estão disponíveis em quase qualquer lugar, da Amazon à loja de utilidades de seu bairro.

OBSERVE AS CORDAS. Muitas empresas eliminaram os cordões pendurados nas persianas; no entanto, se elas ainda estiverem lá, dê um nó nessas meninas malvadas e leve-as até a parte superior da janela, onde somente adultos podem alcançá-las. Houve vários casos de bebês e crianças pequenas que se enrolaram e se estrangularam. Tenha cuidado também com as cordas que podem levar a lâmpadas e ferros, ou mesmo plantas suspensas. Todas essas coisas representam um potencial perigo.

AMARRE TUDO. Estamos falando sobre móveis pesados e TVs. Mesmo que o bebê ainda não esteja puxando, enquanto você está fazendo sua inspeção, tome um pouco de tempo para olhar móveis, tais como cômodas, televisores etc. Você pode comprar alças para móveis que se fixam na parte de trás, o que evitará que eles caiam sobre o bebê.

TENHA CUIDADO COM ANIMAIS DE ESTIMAÇÃO. Todos nós amamos nossos amigos peludos, mas com um pequeno engatinhando, você tem que pensar em rações e pratos de água, caixas de areia, cabos que levam a lâmpadas de calor e tanques de peixes ou terrários que podem não estar ancorados na parede. Vou lhes dizer que quase todos os nossos filhos ingeriram comida para cães ou gatos. O bebê número quatro tem atualmente 11 meses e acaba de comer um pouco de areia (limpa) de gato. Geralmente não é o fim do mundo. O número do Disque-Intoxicação (0800 722 6001) já estará salvo em sua discagem rápida e eles podem até saber seu nome — tudo bem. É para isso que eles estão lá. Sempre que você tiver uma pergunta, eles saberão a resposta.

INCLUA BRINQUEDOS EM SUA INSPEÇÃO. Objetos suaves e fofinhos também podem ser perigosos. Seu bebê agora é capaz de agarrar os brinquedos, e enquanto eles proporcionam uma sensação de conforto e segurança, você vai querer estar atento a qualquer coisa que possa ser um perigo potencial de asfixia. Botões, globos oculares e narizes podem potencialmente se soltar e acabar em suas bocas. Se ele pode caber na boca do bebê, é muito pequeno. Isso inclui peças — você pode pensar que um bebê não pode engolir um carrinho, mas e quanto às rodas? Olha o risco de asfixia.

ARRUME A CAMA DO BEBÊ. Lembra de como você estava entusiasmado para comprar aquele berço minicama três em um para o bebê? Tenha certeza de que o colchão permaneça na posição mais baixa, de modo que quando eles começarem a se puxar para cima no meio da noite, não caiam acidentalmente da borda.

Itens para bebês

Obrigatórios

- **Cadeira alta para bebê:** você poderia viver sem sua mesa da cozinha? Bem, a cadeira alta é como se fosse a mesa do bebê, mas também serve como um bom lugar para brincar ou apenas para ver vocês, adultos, andarem pela cozinha.

- **Canguru para bebê:** se você quiser realizar qualquer coisa ou ir a qualquer lugar onde um carrinho de bebê não sirva, um canguru é imprescindível.

- **Carrinho de bebê:** você provavelmente já tem um, mas se você tiver mais de um filho, carrinhos para acomodar irmãos pequenos, gêmeos, trigêmeos e além estão disponíveis e são recomendados.

Desejáveis

- **Babá eletrônica:** para mim, isso é obrigatório, mas é uma coisa pessoal. Para pais com sono pesado ou que dormem em um andar diferente do bebê, o sinal de áudio/vídeo lhe dá aquela camada extra de conforto. Muitos permitem que você observe a câmera, pois ela é transmitida ao vivo para seu telefone através de um aplicativo. Com esses novos avanços tecnológicos também vem o risco de que sejam hackeados. Considere uma VPN (rede virtual privada) e considere os conselhos de outros usuários.

- **Saco de dormir para bebê:** por volta dessa idade, nós largamos o charutinho e adotamos um saco de dormir com fecho de correr. Ele é perfeito para quando o bebê sai do banho.

- **Botinhas de crochê, meias ou sapatos:** manter os pés quentes é fundamental. Os sapatos não são realmente destinados a andar nessa idade, portanto, mantenha-os leves, respiráveis e confortáveis. Sempre mantivemos nossos bebês com meias até cerca de dez meses ou mais. Diversas empresas fazem meias legais para bebês que se parecem com sapatos.

- **Brinquedos:** como mencionado, brincar é o trabalho do bebê. Isso o ajudará a se desenvolver em todos os sentidos. Qualquer coisa que proporcione interesse visual, que faça barulho ou música é ótimo. Envolva seu filho com uma variedade de brinquedos. Ao comprá-los, prefira os de empresas conceituadas, leia resenhas, certifique-se de que eles sejam adequados à idade e brinque com eles você mesmo para garantir que sejam seguros. Dito isto, não desconsidere grupos de venda de brinquedos seminovos ou brechós e lojas de segunda mão — algumas das melhores coisas podem ser encontradas lá por pouco dinheiro.

- **Velhos controles remotos ou telefones de flip:** Você pode pensar que isso é uma piada, mas não é. Minha esposa e eu não vendemos nossos antigos celulares ou telefones residenciais: sempre os colocamos em um caixote para as crianças brincarem. Os botões parecem ser uma fonte infinita de diversão e interesse.

- **Cadeira de descanso:** Fomos presenteados com uma dessas quando tivemos nosso primeiro bebê, que se tornou uma peça marcante em nossa sala de estar, mantendo-se por lá ao longo dos primeiros seis meses de vida de todos os quatro bebês.

- **Pula-pula com prendedor de porta:** esse também era um item chave quando eu estava procurando realizar qualquer coisa em nossas áreas comuns. Eles são baratos e divertidos e facilitam a contenção do bebê.

- **Processador de alimentos:** História divertida sobre o modelo Magic Bullet. Minha esposa trabalhou com Heidi Klum em um reality show, e ela e seu então marido, Seal, nos presentearam com um para Ava quando voltamos para casa. É ótimo saber que você controla o que entra no corpo do bebê. O processador sobreviveu ao teste do tempo. Até hoje, ainda fazemos batidas de proteína matinal com ele.

Dispensáveis

- **Andadores:** A maioria, se não todos, foram retirados do mercado. Os andadores não são recomendados pela AAP (Academia Americana de Pediatria) devido ao fato de muitas crianças puxarem as coisas para baixo, caindo em suas cabeças.

PAI
GALÃ

QUARTO MÊS

PESO MÉDIO	COMPARAÇÃO DE PESO
6,8 quilos	Saco médio de ração canina, um peixe grande

Você foi doutrinado; você é um sobrevivente.

Os primeiros três meses como um novo pai são extremamente difíceis. Definitivamente não foi fácil fazer a transição — mesmo como irmão mais velho de três meninos, eu nunca tinha tido alguém que dependesse sempre de mim.

Como adulto, eu vivi uma vida de solteiro na maior parte do tempo autocentrada. Ficar noivo e casar me assustou em termos de assumir a responsabilidade de outro ser humano, mas ser pai virou meu mundo de cabeça para baixo.

Você provavelmente concordará que esses primeiros três meses desgastam ambos os pais. Mas espero que agora você esteja se sentindo mais confiante. Com alguma sorte, seu bebê já se adaptou. Você (espero) estabeleceu um horário de alimentação e de sono que lhe permite encontrar alguns momentos para se conectar com sua parceira.

Entretanto, exatamente quando você pensou que tinha tudo resolvido, você pode estar enfrentando uma das tarefas mais desafiadoras. Minha esposa descreve esse período como o "dia depois do Natal": todos conseguiram ver o presente (o bebê), a excitação inicial passou e você está cansado e rabugento por conta dos muitos chocolates quentes que tomou e da festança durante a noite. Você está apaixonado pelo presente, mas a realidade se instaurou, e a verdade é que *isso* é difícil.

A boa notícia em todo o caos da privação do sono: quer você saiba ou não, você está ficando melhor nisso.

SEGUNDO TRIMESTRE	QUARTO MÊS

ATUALIZAÇÕES DA MÃE

- Se a mãe ainda for capaz de amamentar, parabéns para ela! Esse processo drena muito dela, tanto mental quanto fisicamente — o bebê está literalmente sugando as calorias, vitaminas e minerais do corpo da mãe.
- Se o bebê começar a rejeitar o seio, a mãe vai querer prestar muita atenção ao que ela possa estar comendo que não esteja agradando o bebê. Comidas picantes ou sabores fortes podem não funcionar, então comece com simples ajustes, como o corte destes alimentos para vencer a resistência do bebê.
- Minha esposa amamentou nossos quatro filhos, mas que seja dito: a única maneira errada de alimentar um bebê é não o alimentar de forma alguma. Amamentação pelo seio, bombear leite materno, doação de leite materno, fórmula, o que quer que funcione em seu caso — contanto que o bebê não esteja perdendo peso, vocês estão indo bem.
- A mãe pode ter usado sua combinação de licença remunerada/não remunerada e pode estar pensando em voltar ao trabalho. Isso talvez cause estresse com a separação, os cuidados com a agenda e o estabelecimento de horários de alimentação, de amamentação e/ou de bombeamento.
- A depressão pós-parto pode levar meses para vir à tona. Coisas importantes a serem observadas são o humor em baixa que dura mais de uma semana, excesso de choro, falta de apetite e/ou libido e sentimentos de inadequação ou rejeição.
- A depressão pós-parto pode ocorrer na mãe ou mesmo no pai — isso é diferente de baby blues (ver página 37) e deve ser abordado ieditamente com seu médico de família.

ATUALIZAÇÕES DO BEBÊ

- Seu bebê normalmente ganhará entre 340 e 680 gramas.
- Ele crescerá provavelmente perto de 1,3 centímetro em comprimento e circunferência da cabeça.
- O bebê tem dormido mais profundamente, entre 14 e 16 horas em um período de 24 horas. Mas justamente quando você tem o horário do sono estabelecido, está prestes a embarcar na desgastante regressão do sono de quatro meses. Isto é, quando o bebê de repente volta para um padrão de sono ao estilo de um recém-nascido, acordando com muita frequência à noite. Embora existam regressões temporárias aos oito, 11 e 18 meses e aos dois anos de idade, a regressão do sono de quatro meses é permanente e muda o ciclo de sono de seu bebê.
- A maioria do sono noturno ocorre em períodos de seis a oito horas.
- Espere de duas a três sonecas diurnas, aproximadamente de 1,5 hora a duas horas cada.
- O bebê mama de seis a oito vezes por dia. A alimentação noturna se torna menos frequente. Em caso de fórmula, a frequência pode mudar para quatro a seis vezes ao dia, com 150 a 200 mililitros consumidos em cada sessão para um total de 710 a 946 mililitros em 24 horas.
- O bebê provavelmente está começando a sugar seus dedos e mãos.
- Ele ficará agitado quando for forçado a sentar ou andar em um banco de carro por longos períodos de tempo.

- Fique de olho na miniflexão. Quando o bebê estiver deitado de barriga para baixo, ele tentará usar seus braços para empurrar sua parte superior do tronco para o ar. Não vai durar muito, mas a prática leva à perfeição.
- Rolar é algo que pode ocorrer pela primeira vez, portanto, não arrisque deixar o bebê no sofá ou na cama sem supervisão.
- A força e o desenvolvimento das habilidades motoras continuam, uma vez que o bebê pode:
  - *Manter a cabeça firme enquanto está sentado;*
  - *Segurar um brinquedo e sacudi-lo para ouvir sons;*
  - *Pegar as coisas devagar e soltá-las.*
- Os passos de desenvolvimento sensorial podem permitir que o bebê:
  - *Estude e analise pequenos itens;*
  - *Olhe para as coisas à distância;*
  - *Reaja aos sons e possivelmente procure-os;*
  - *Ria com a interação individual.*

COMPROMISSOS INADIÁVEIS

Consulta de quatro meses: compare as estatísticas da última consulta. Diga ao médico o que o bebê está fazendo e pergunte se ele está em dia no desenvolvimento. O pediatra dependerá de suas observações dessas coisas, já que o bebê pode não atuar sob comando durante a consulta. Caso ainda não tenha, adquira o calendário de imunização completo com o pediatra, que pode incluir:

- *BCG*
- *Hepatite B*
- *Tríplice bacteriana*
- *HIB*
- *Poliomielite, entre outras*

UMA NOTA SOBRE A INTIMIDADE

Vamos falar sobre a libido. Em minha experiência, depois de ter um filho, por um tempo nada será como antes. Por alguns meses, minha esposa às vezes não estava pronta para o sexo, e isso não me incomodava. Seu corpo havia passado por muita coisa, ela estava se recuperando, criando laços com o bebê e tentando encontrar seu caminho novamente em um novo corpo que ela não necessariamente reconhecia. Eu garanti que ela soubesse como eu a achava incrivelmente sexy e atraente, mas não tentei pressioná-la. Eu me certifiquei de beijá-la, abraçá-la e de brincar ocasionalmente, beliscando seu bumbum. Mas mesmo sabendo que minha esposa estava grata, também sei que ela passou por um momento difícil — como dizer isto delicadamente? — separando a si mesma de seus seios. Ela disse que ao nos aproximarmos da época em que o sexo voltaria naturalmente a estar presente, ela começou a se afastar de mim. Ela estava desconfortável com seus seios e com o papel que eles sempre desempenharam em nossa vida sexual. Ela sentia que eles estavam, temporariamente, ali para o bebê e, portanto, fora dos limites para mim. Ela teve dificuldade para "virar a chave" entre amamentar nosso filho e a intimidade sexual, e eu tive que respeitar isso e o fiz. Tudo isso para dizer: reserve um tempo para conversar com sua parceira sobre sexo e permita que ela tome a liderança. Assim como os homens nem sempre sabem como eles "devem se sentir", as mulheres também têm esses momentos de dúvida sobre si mesmas.

Metas

SAÚDE E BEM-ESTAR

Crie um amante de vegetais. Mesmo que você não ame vegetais, o bebê pode fazer isso. Fazê-lo comer frutas e verduras nos próximos meses será mais fácil se uma mãe lactante incorporar uma grande quantidade delas em sua dieta. Muitos sabores de alimentos são transmitidos através do líquido amniótico e do leite materno. Portanto, coma uma grande variedade nas refeições — você também, papai.

Traga um mordedor. Se o bebê está mastigando muito os dedos, isso pode ser um sinal de que um dente está chegando à superfície. O bebê ainda não pode agarrar um mordedor gelado da geladeira — a decisão é sua! Ofereça um anel de dentição gelado, para a sanidade de todos. Há também luvas de dentição de velcro que você pode aplicar no punho do bebê como uma luva, mas a parte superior, onde ficam os dedos, é uma almofada de dentição. Os bebês dessa idade não têm a destreza de segurar um mordedor, então essa é uma grande ideia para ajudar a ensinar o bebê a se acalmar.

TRABALHO EM EQUIPE

Troca de fraldas em equipe. Ao aprender a rolar, o animado bebê geralmente não vai querer cooperar quando você precisar trocar as fraldas dele. Quando possível, trabalhem como um time e alternem entre segurar as pernas e distrair o bebê com canções ou engajando-o com uma conversa.

HORA DA UNIÃO

Use seu bebê. Não tenha medo de ir à sua loja local ou loja dedicada a produtos para bebês. Experimente diferentes cangurus. Não havia nenhuma maneira de eu conseguir fazer alguma coisa diariamente ou nos fins de semana se eu não fosse capaz de colocar meu filho nas costas, de lado ou no peito. Só não pense em operar o fogão ou usar a fritadeira com ele na frente.

Faça uma viagem de um dia. Uma das minhas fotos favoritas é de mim carregando meu filho Mason em uma mochila externa até o topo da Stone Mountain, na Geórgia. Eu a mantenho emoldurada em meu escritório. É realmente fácil ficar em casa, em sua zona de conforto, mas sair e se aventurar traz grandes lembranças.

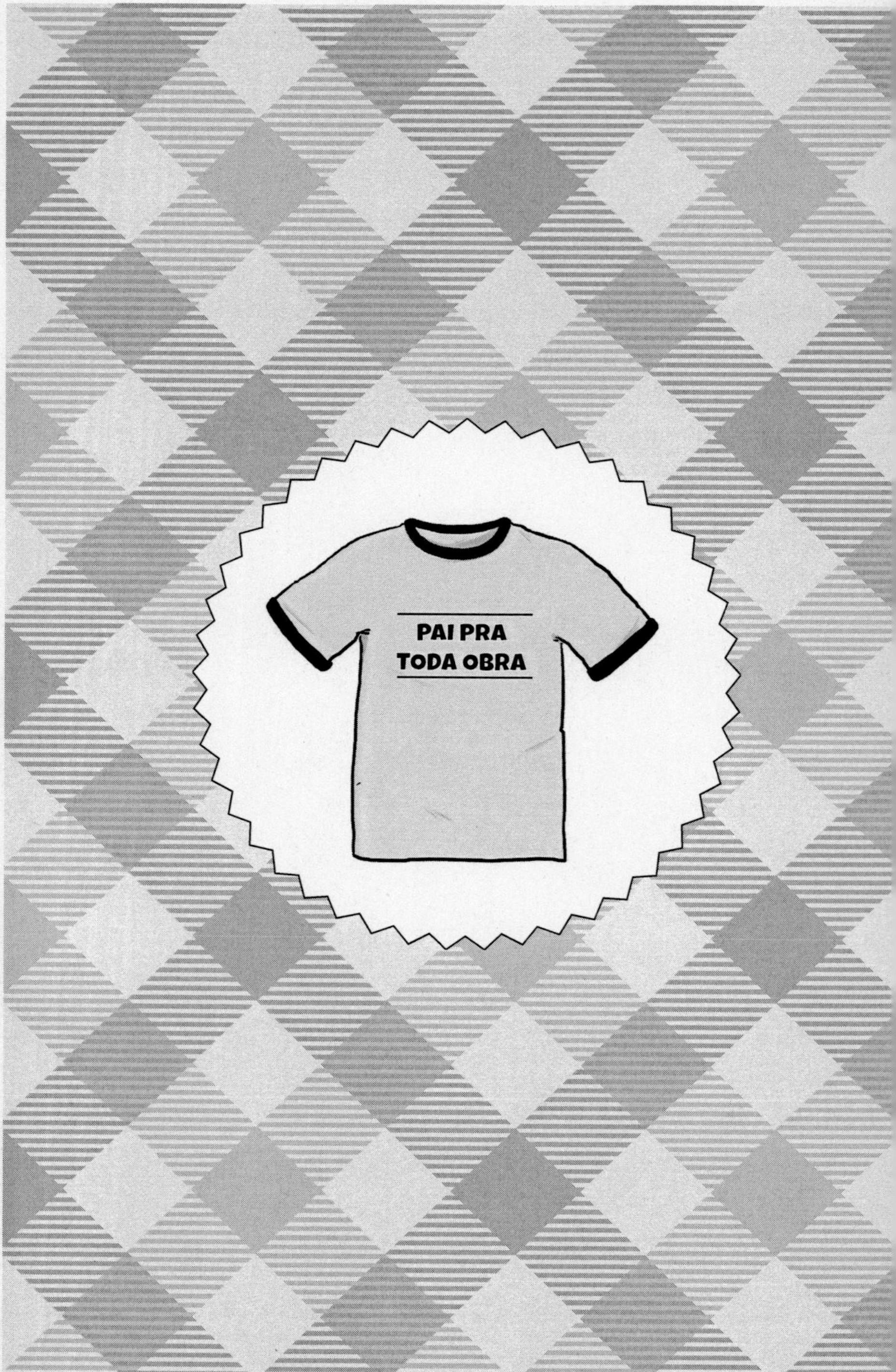
PAI PRA
TODA OBRA

QUINTO MÊS

PESO MÉDIO	COMPARAÇÃO DE PESO
6,8 a 7,2 quilos	TV de tela plana de 19 polegadas, melancia pequena, gato com excesso de peso

Bem-vindo ao festival da babação — você tem passe VIP de acesso total para o show inteiro.

Seu bebê pode estar mordendo tudo, com a baba escorrendo pela boca. Nossos quatro filhos apresentaram seus primeiros dentes por volta dos seis meses, e as poucas semanas que levaram a isso incluíram muitos solos de choros — tenho certeza até de que contribuí para um ou dois duetos por completa frustração.

Como já abordamos antes, com crianças, quando você pensa que sabe os padrões de comportamento delas, os marcos de desenvolvimento o deixam perdido. Com cada nova fase geralmente vêm novos padrões de sono, mudança de hábitos alimentares e momentos de agitação.

Mas esse é apenas um dos lados da questão. No lado brilhante e ensolarado de tudo isso, o bebê teve um bom tempo para se adaptar à mãe, ao pai e à vida familiar. Ele está se tornando mais interativo e mostrando vislumbres de emoção, desejos e verdadeira personalidade. Cada visão e cada som atraem sua atenção.

Você também começará a notar que o bebê tem maior controle sobre o corpo. Dedos das mãos, dedos dos pés e tudo o que ele conseguir pôr as mãos começarão a entrar em sua boca. E embora isso seja ao mesmo tempo emocionante e potencialmente nojento, logo você pode começar a pensar em apresentar outra coisa à boca dele: alimentos sólidos. É um grande avanço!

SEGUNDO TRIMESTRE | QUINTO MÊS

ATUALIZAÇÕES DA MÃE

- A mãe deve estar totalmente ajustada ao novo normal da família. Se você ainda tiver preocupações com a DPP (depressão pós-parto), fale com ela e ajude a marcar uma consulta com o médico.
- Se ela ainda estiver amamentando, ela pode estar considerando por quanto tempo deve fazê-lo. Tente ser um bom ouvinte e pergunte o que você pode fazer para ajudar.

ATUALIZAÇÕES DO BEBÊ

- O bebê provavelmente ganhará de 450 a 680 gramas.
- Ele crescerá cerca de 1,3 centímetro tanto em comprimento quanto em circunferência da cabeça.
- O bebê dorme cerca de 15 horas por dia, com dez a 11 horas de sono por noite.
- Espere de duas a três sonecas diurnas, cada uma tipicamente entre 1,5 hora e duas horas.
- Seu bebê ainda está em uma dieta principalmente líquida.
- O bebê está se alimentando de cinco a seis vezes por dia, consumindo de 710 mililitros a um litro durante um período de 24 horas.
- Em termos de força, o bebê está rolando, literalmente. Além disso, ele é capaz de sentar ereto com a bunda no chão enquanto se equilibra com as mãos ao lado do corpo. Ele também pode suportar peso em suas pernas por alguns segundos.

- Do ponto de vista das habilidades motoras, o bebê agora é capaz de agarrar brinquedos, mesmo com as duas mãos, e está trabalhando duro para pegar os que estão fora de alcance. Quase tudo começa a entrar em sua boca.
- O desenvolvimento sensorial significa que o bebê pode estar estudando pequenos objetos por períodos mais longos, localizando rapidamente fontes de sons e fazendo expressões como rir, mostrar aversão, alardear, chorar ou até mesmo empurrar para longe. Ele também pode começar a chorar quando a interação termina.
- Os dentes podem começar a aparecer. Os primeiros sinais são babar, mastigar os dedos e tudo mais, babando como uma calha de chuva, e coceiras no queixo ou no rosto. O bebê pode até mesmo começar a puxar as orelhas — gengivas, orelhas e bochechas compartilham o mesmo nervo. Você pode pensar que ele tem uma dor de ouvido e, de repente, você verá uma mancha branca nas gengivas e boom — dente! Notei que a parte mais difícil do dente é o corte: uma vez que ele aparece, a agitação tende a diminuir. Nota de dentição: os incisivos centrais inferiores geralmente aparecem entre seis e dez meses, os incisivos laterais inferiores entre dez e 16 meses, os incisivos centrais superiores entre oito e 12 meses e os incisivos laterais superiores entre nove e 13 meses.
    - *Os primeiros sinais de dentição podem ser óbvios, até mesmo quando o bebê começar a empurrar seu corpo para cima enquanto estiver de barriga para baixo.*

COMPROMISSOS INADIÁVEIS

- Checkup médico para a mãe e o bebê.

Metas

PLANEJANDO-SE COM ANTECEDÊNCIA

Faça um plano de alimentação. Enquanto a maioria dos pediatras não recomendam sólidos até que o bebê tenha seis meses de idade, comece a ler e falar sobre isso.

CAPITÃO DA DIVERSÃO

Crie um tempo a dois. Durante os primeiros meses, você e sua parceira podem se sentir como barcos navegando à noite. É provável que você esteja trabalhando, tentando manter um lar e um pequeno bebê vivo e feliz, tudo isso enquanto equilibra os horários conflitantes. Não há muito tempo a sós. É importante permanecer conectado. Nos primeiros dias, minha esposa e eu encontramos tempo para nos conectarmos de manhã cedo ou tarde da noite, geralmente enquanto o bebê estava adormecido. À medida que você continua a formar seu time familiar, isso se torna cada vez mais difícil de realizar, mas é importante ter esse objetivo em mente. Quando seu relacionamento está firme, as crianças o sentem.

SAÚDE E BEM-ESTAR

Traga o exterior para dentro. Adicionar plantas à casa é algo que temos tentado fazer consistentemente, pois está comprovado que melhora a qualidade do ar. Compre algumas flores ou uma planta em vaso para sua casa, o que também lhe dá pontos positivos no seu relacionamento — vitória dupla.

Priorize a qualidade da água. Se você está alimentando com fórmulas, provavelmente já sabe da importância da água de nascente, ou, no mínimo, de água altamente filtrada. Nosso fornecimento de água contém muitos metais pesados e até mesmo restos de produtos farmacêuticos, portanto, colocar em nossa casa um sistema de água limpa foi importante e benéfico para todos. Usamos um filtro PUR em nossa pia de cozinha, mas há muitas outras opções acessíveis.

HORA DA UNIÃO

Misture as coisas. É muito fácil deitar com o bebê descansando no peito e ver televisão sem parar — e às vezes é *exatamente* isso que é necessário. Mas se você está tão adiantado neste livro, estou confiante de que essa não é a sua posição padrão de pai. Eu entendo. É fácil entrar em uma rotina e realizar as mesmas ações repetidamente. Hoje, você deveria tentar algum conteúdo em áudio. Seguir uma rota diferente. Encontre outro lugar para sair. Invente algum material novo. Deixe o bebê relaxar com você em uma posição diferente. Comunique-se de um jeito diferente. Veja o que acontece.

PONTO POSITIVO

Faça ações incríveis e aleatórias. O bebê tem cinco meses, então você deve estar começando a recuperar o fôlego enquanto a rotina se desenvolve. Assim como com o bebê, não deixe que o tempo com sua parceira se transforme em rotina ou complacência.

Agite as coisas elogiando e demonstrando afeto a ela todos os dias. Procure fazer ações atenciosas, quer seja trazendo flores caseiras, falando para a mãe passar uma noite com amigos ou finalmente fazendo uma tarefa que há tempos você tem adiado. E se tudo isso está além de seu alcance neste momento, mesmo algo tão simples quanto deixar um *postit* com um coração pode fazer a diferença na forma como ela lida com o próprio dia.

MELHOR
ABRAÇO
DE URSO

SEXTO MÊS

PESO MÉDIO	COMPARAÇÃO DE PESO
7,2 quilos	Cachorro "salsicha", meia barra de ouro, águia

Você está há cerca de seis meses dentro dessa nova rotina, e aqueles dentes que estavam incomodando seu pequeno podem ter atravessado as gengivas! Fique de olho; os incisivos centrais inferiores geralmente surgem primeiro.

É hora de expandir o horizonte culinário e testar diferentes alimentos. Claro, 85 por cento disso terminará no chão de sua cozinha, com 65 por cento *disso* preso ao fundo dos pés ou esmagado nos cabelos deles, no babador ou bandeja.

Uma coisa que eu adoro nessa fase é que tudo o que eles estão vendo ou fazendo é *novo*. Ver seus amigos postarem as intermináveis "primeiras vezes do bebê" era irritante — mas agora você percebe o porquê disso. Seu pequeno ser humano está começando a ter mais controle central, seu desenvolvimento motor e sensorial está melhorando rapidamente e está ficando muito mais divertido brincar com ele.

Você está se aproximando da marca oficial de meio ano, e meu palpite é que você está despertando e vendo o quanto mais há na vida.

ATUALIZAÇÕES DA MÃE

- A mãe pode se sentir autoconsciente ou frustrada se não tiver voltado ao seu peso ou forma pré-gravidez. É provável que você também não tenha sido capaz de perder o peso que ganhou junto a ela durante a gravidez. *Ambos* podem estar apresentando estrias, mudança no peito e contínuas mudanças hormonais, mas isso não se aplica a você. Lembre-a de que ela é linda.
- Se a mãe estiver amamentando, talvez ela continue cheia ou pode estar desmamando. Se ela estiver desmamando, ela pode engravidar. Este é um bom momento para lembrar que o método do calendário (tabelinha) pode não ser a melhor escolha de controle de natalidade.

ATUALIZAÇÕES DO BEBÊ

- Espere em média 15 horas de sono — dez ou 11 à noite e três a quatro horas de sono diurno, divididas entre duas ou três sonecas.
- Com base na recomendação do pediatra, o bebê está livre para começar a comer sólidos.
- É discutível, mas o leite materno pode não ser suficiente para fornecer a quantidade de proteína, ferro, zinco e outras vitaminas que o bebê precisa para se desenvolver. Um de nossos bebês não começou a ingerir sólidos até quase dez meses, e nós só adicionamos uma gota de multivitaminas para bebê em sua rotina matinal.
- Com a introdução de sólidos, o cocô de seu bebê vai mudar — diga adeus àquele cheiro adocicado de Dijon. Eles se tornarão mais escuros e eventualmente mais compostos.

- O bebê está começando a sentar, a manter um bom controle da cabeça e a rolar de trás para frente e de frente para trás.
- A dentição é real – sinta as gengivas para notar qualquer recém chegado.
- As habilidades motoras estão sendo usadas para pegar ou arrastar pequenos objetos para si mesmo no chão, utilizando ambas as mãos para pegar coisas ou brinquedos e colocando tudo e qualquer coisa em sua boca.
- O bebê gosta de jogos simples e de explorar seus dedos das mãos e dos pés, pernas e orelhas.
- Ele pode começar a se expressar com vogais. O riso e a gargalhada são uma ocorrência diária.

COMPROMISSOS INADIÁVEIS

- Consulta de seis meses: compare as estatísticas de sua consulta de quatro meses e traga uma lista de coisas que o bebê está fazendo para confirmar que tudo está em linha com o desenvolvimento. Diga ao médico o que o bebê está fazendo para que ele possa conferir.
- Vacinas: mais uma vez, há as vacinas obrigatórias do cronograma. Consulte o pediatra. Entre estas imunizações, podem constar:
    - *Rotavírus*
    - *Meningocócicas*
    - *Influenza, entre outras*

Metas

REUNIÃO DE EQUIPE

Faça um balanço de sua parceria. Este marco de seis meses é um ótimo momento para olhar para trás juntos e perguntar "Como nos saímos? O que funcionou? O que não funcionou? Como podemos melhorar como pais? Estamos cuidando um do outro e de nosso relacionamento? Existe algum ponto de atrito ou de preocupação?". Um pequeno brainstorming pode mostrar algumas verdades reveladoras e algumas soluções agradáveis.

PLANEJANDO-SE COM ANTECEDÊNCIA

Explore opções de comida. Introduzir o bebê a alimentos sólidos abre um mundo totalmente novo de possibilidades. Explore marcas e estilos. As papinhas prontas são fáceis de transportar, mas não são a escolha mais consciente do ponto de vista ambiental. Considere fazer seus próprios purês e congelá-los. Ou não.

Considere escrever um testamento. Isso é uma coisa que pode ser facilmente evitada, mas você vai querer proteger seu bebê se algo acontecer com você ou com sua parceira. É importante, apesar de desconfortável, ter uma conversa a respeito disso.

CAPITÃO DA DIVERSÃO

Promova oportunidades de movimentação. Habilidades motoras pesadas ou grandes requerem muita prática. Proporcione ao bebê muitas oportunidades para sentar, engatinhar e escalar.

Sentado, deitado com a barriga para baixo ou para cima, deixe o bebê esticar seus braços e pernas. Coloque-o em diferentes posições: sentado em estilo "tripé", sentado ereto, de pé no seu colo ou tórax e pulando, puxando seus dedos para ficar de pé.

Trabalhe as habilidades motoras. Pratique destreza dando ao bebê coisas diferentes para segurar, pegar e agarrar — muitas vezes eu deixo nosso bebê engatinhar para mim e jogo coisas pelo caminho para que ele pegue. Brincamos com os dedos ou com as mãos. Também escolhemos atributos físicos: apontar para nossos narizes, olhos, ouvidos etc.

Brinque de jogos de palavras. Concentre-se em palavras únicas com seu bebê e fale devagar. Repetir e pedir que ele faça o mesmo, eventualmente, trará grandes recompensas.

SAÚDE E BEM-ESTAR

Ajude o bebê com a dentição. Você deve sentir as gengivas do bebê todos os dias. Os sinais de dentição são baba, irritabilidade, diarreia, gengivas inchadas e mastigação de dedos ou objetos sólidos. Ajude-o a se sentir confortável fornecendo um anel de dentição refrigerado ou aqueles tubos de iogurte congelados.

AUTOCUIDADO

Avalie sua paternidade. Use este mês para refletir sobre o tipo de pai que você é, e o que queria ser, quando pensou pela primeira vez na paternidade. Há alguma lacuna? Você pode perceber que não é tão paciente, social ou ativo na tomada de decisões como esperava ser. Talvez você esperasse mais tempo sozinho com sua parceira. Use este mês como um ponto de virada — trabalhe para ser o pai que você sabe que pode ser.

Avalie sua saúde. Muita coisa mudou nos últimos seis meses. Ao refletir, certifique-se de que isso inclui considerações para seu bem-estar físico e emocional. Se houver alguma coisa que você precise fazer para aumentar seu autocuidado, corra atrás.

CAPÍTULO TRÊS

SETE A NOVE MESES

KIT DE FERRAMENTAS

SETE A NOVE MESES

CHECKLIST DE SETE A NOVE MESES

CASA

- ☐ Se você ainda não o fez, abaixe o colchão do berço. Se o bebê estiver sentando, ele provavelmente também está à beira de se puxar para uma posição de pé. É hora de procurar freneticamente pelo manual do berço e baixar o colchão até seu ponto mais baixo. Se você não se antecipar, corre o risco de o bebê cair e se machucar, ou fugir da prisão, indo em busca da liberdade em outra parte da casa.
- ☐ Continue a olhar a casa e o chão de forma vigilante, atento aos perigos para o bebê. Tenha em mente que ele pode chegar mais longe do que você pensa.

BEBÊ

SÉTIMO MÊS

- ☐ Expanda os horizontes culinários do bebê, com um ingrediente de cada vez.
- ☐ O bebê começa a comer com os dedos (ver página 144).
- ☐ Tente levar o bebê para comer fora, se ainda não o fez.
- ☐ Ajude-o com as dores de dentição.
- ☐ Incentive a mobilidade, a criatividade e a curiosidade dele através de uma grande variedade de brinquedos, jogos, canções e histórias.

OITAVO MÊS

- ☐ Continue o ritual da hora de dormir do bebê. Ele pode ter outra regressão do sono, e esse ritual de dormir ajudará a desacelerar seu corpo e mente.
- ☐ Proporcione muitas oportunidades de movimento, rastejamento e brincadeiras. Se você não deixar o bebê praticar durante o dia, ele vai querer praticar à noite!

NONO MÊS

- ☐ Ofereça móveis seguros e resistentes para o bebê se levantar.
- ☐ Mova objetos instáveis para outro quarto por enquanto.
- ☐ Continue fazendo análises de risco. Tenha em mente que o bebê pode alcançar novas alturas e continuará a surpreendê-lo.
- ☐ Use um "não" firme e gentil quando o bebê testar os limites.

MÃE

- ☐ Se a mãe ainda estiver amamentando, ela pode lidar com desafios como bombeamento, dutos entupidos ou desmame. Ela também está queimando muitas calorias, portanto, deve repor seus próprios estoques comendo uma grande variedade de alimentos saudáveis.

CONSULTAS MÉDICAS

- ☐ O próximo checkup pode não ocorrer até que o bebê tenha nove meses; enquanto isso, não hesite em marcar uma consulta ou ligar para o médico com qualquer preocupação que você tenha.

Dicas e tutoriais

Alimentação

COMO CRIAR UM SUPRIMENTO DE ALIMENTOS PARA BEBÊS

Fazer sua própria comida de bebê é mais fácil do que você pensa e tem muitos benefícios, inclusive ser mais barato e mais saudável do que comprar no supermercado. Veja aqui como começar:

1. **PREPARE A COMIDA.** Triture alimentos usando um processador ou as mãos. Em vez de usar sal e açúcar, você pode temperar alimentos com ervas e especiarias como canela, alho, gengibre, pimenta da Jamaica, manjericão, hortelã e muito mais.
2. **ORGANIZE.** Os alimentos preparados podem ser transferidos para uma bandeja de cubos de gelo coberta, recipientes pequenos, próprios para freezer, ou saquinhos reutilizáveis rotulados com nome e data do alimento.
3. **ESTOQUE.** Armazene os alimentos na geladeira por até quatro dias ou congele por até três meses. Descongele no refrigerador durante a noite, ou use o recurso de descongelamento no micro-ondas. Sempre mexa bem e teste os alimentos antes de oferecê-los ao bebê.

4. **OTIMIZE AS SOBRAS.** Em vez de jogar fora as sobras do jantar ou uma banana muito madura, triture-as para futuras refeições do bebê.

COMO EXPANDIR PARA A ALIMENTAÇÃO COM DEDOS

Uma vez que o bebê tenha passado por purês de um ingrediente e pareça pronto para o próximo passo, está na hora da alimentação com os dedos. O bebê vai *adorar* o controle que ele de repente tem sobre a comida que está comendo. E se você tiver um Boston Terrier faminto, ele vai adorar as sobras!

COMECE PEQUENO. A chave para a comida com os dedos é começar com alimentos pequenos e macios. Experimente estes vencedores:

- Massas pequenas, como a ditalini
- Panquecas cortadas em pequenos pedaços
- Cereais matinais
- Biscoito integral para bebês
- Pedaços de biscoito água e sal
- Pequenos cubos de queijo mole ou de queijo ralado
- Ovos mexidos
- Frutas cortadas (abacate, banana, pera, pêssego, damasco, melão amarelo, melão verde, kiwi, manga, mirtilos)

- Vegetais cozidos e cortados (cenoura, batata e ervilhas são boas escolhas)
- Frango desfiado ou filé de peixe

OBSERVE DE PERTO. Você ainda vai querer supervisionar o bebê enquanto ele se alimenta. Ao comer até mesmo um pequeno biscoito, se o bebê estiver enchendo suas bochechas com dez pedaços dele, isso pode causar uma grande massa alimentar com risco de asfixia. Certifique-se de que o bebê esteja tomando tempo para engolir antes de comer mais, caso contrário, você pode começar apenas colocando um ou dois pedaços de cada vez.

EVITE ALIMENTOS DUROS, REDONDOS OU PEGAJOSOS. Você pode ter crescido comendo cachorro-quente, mas sabemos agora que alimentos arredondados são riscos perfeitos de asfixia. O mesmo acontece com alimentos como vegetais crus, uvas, passas, pipoca e manteiga de amendoim.

COMIDA INICIAL	SETE A NOVE MESES
LÍQUIDOS	
▶ Leite (fórmula ou materno)	▶ Água
GRÃOS	
▶ Cevada ▶ Farinha de aveia	▶ Arroz ▶ Massas alimentícias
VEGETAIS	
▶ Abóbora ▶ Feijão verde ▶ Batata doce	▶ Cenouras ▶ Ervilhas ▶ Batatas
FRUTAS	
▶ Maçãs ▶ Abacates ▶ Bananas ▶ Peras ▶ Damascos ▶ Mirtilos	▶ Melões verdes ▶ Melões amarelos ▶ Kiwis ▶ Mangas ▶ Pêssegos
PROTEÍNAS E LATICÍNIOS	
▶ Queijo (cubos pequenos) ▶ Frango (desfiado) ▶ Ovos	▶ Filé de peixe (cortado em pedaços) ▶ Tofu (cubos pequenos)
LANCHES	
▶ Biscoito água e sal	

Acalmamento

COMO MANTER ESSE SENTIMENTO AMOROSO

Agora que o bebê não é um recém-nascido, você pode sentir que as coisas aceleraram e vocês não estão tendo o tempo de carinho que costumavam desfrutar juntos. Não tenha medo, o bebê ainda precisa de muito amor e tranquilidade. Veja como você pode ajudar:

RESGATE O VIAJANTE CANSADO. Quando o bebê começa a ganhar a capacidade de se aventurar longe de você, sua presença é fundamental para o sentimento de segurança dele. O bebê pode estar rastejando para trás e ter pouca capacidade de voltar para você, ou pode apenas ficar cansado. Se ele começar a se agitar, dê-lhe um grande abraço.

ACALME SEUS DENTES, PEQUENINO. A dentição pode deixar um bebê agitado e desconfortável. Abrace-o e esfregue essas gengivas doloridas, que tal?

TRANSMITA UMA SENSAÇÃO DE SEGURANÇA. Alguns bebês começam a ter ansiedade de separação com essa idade. Você pode ajudar a tranquilizar o bebê de que você é alguém com quem ele pode contar. Faça despedidas rápidas e otimistas. Tente sair quando o bebê estiver feliz, como depois de uma soneca ou de uma mamada. Brinque de esconde-esconde para ajudar a ensinar ao bebê que você não se foi realmente.

DOMINE O RITUAL DA HORA DE DORMIR. Se você não está nele, entre nele. O ritual para dormir é seu tempo para simplesmente estarem juntos nos níveis mais aconchegantes, para ler, relaxar e abraçar à vontade — e pode ajudá-lo a lidar com a próxima rodada de regressão do sono (ver página 148).

Sono

COMO LIDAR COM A REGRESSÃO DO SONO. Os bebês passam por uma regressão do sono em torno de três a quatro meses e depois outra em torno de oito a dez meses. Diz-se que isso é causado pelo desenvolvimento cerebral do bebê e pode causar distúrbios nos padrões do sono. Ele não consegue adormecer. Ele está praticando suas novas habilidades. Ou ele só tem muita coisa na cabeça. (Você não se identifica?) A boa notícia é que os hábitos normais de sono serão retomados quando o bebê adquirir o domínio de todas essas novas habilidades. Nesse meio tempo:

- **Concretize essa rotina.** Agora é um momento importante para garantir uma sólida rotina de dormir. O banho, os livros, as luzes apagadas — acione todos esses gatilhos para garantir que o bebê saiba que está na hora de dormir.
- **Permita boas sonecas.** O bebê realmente precisa dormir mais de dia quando o sono noturno está comprometido, não menos. Um bebê cansado demais tem ainda mais dificuldade para dormir.

Aprendizados e brincadeiras

COMO TORNAR O JOGO DIVERTIDO PARA VOCÊ TAMBÉM

Sim, os bebês adoram jogos como esconder e achar, músicas e jogos de bater com as mãos. Mas quando você precisar aumentar o valor do entretenimento para si mesmo, aqui estão algumas ideias:

PRATIQUE ENCENAÇÕES. Eu nunca me formei em teatro e, apesar de ter treinado *stand-up*, nunca subi ao palco sozinho. No entanto, sempre tive um talento para atuações selvagens (com ou sem bebidas) e não há público melhor do que um bebê — ele não vai julgar você. Muito pelo contrário, na verdade. Então encontre sua sra. Doubtfire (babá do filme "Uma Babá Quase Perfeita") interior e divirta-se um pouco.

COMPARTILHE UMA CANÇÃO DE NINAR COM A QUAL VOCÊ POSSA SE IDENTIFICAR. O Rockabye Baby! lançou mais de oitenta canções de ninar inspiradas em músicas de suas bandas favoritas. Essa é uma maneira perfeita para você curtir sua música com o pequeno sem estourar os tímpanos dele.

Higiene

COMO DAR INÍCIO A UMA BOA HIGIENE DENTAL

Os botões dos dentes estão começando a aparecer e é melhor estar pronto. Aqui estão algumas dicas para preparar o bebê para os bons hábitos dentais:

COMECE IMEDIATAMENTE. Assim que o primeiro dente aparecer, você vai querer limpá-lo após cada refeição. Você pode usar uma toalha de rosto úmida, gaze, dedo ou escova de dente para limpar os dentes e a frente da língua. Se você usar uma escova, use uma muito macia e projetada para crianças.

LIMITE A PASTA DE DENTE. Mantenha a quantidade de pasta de dente proporcional a um mero “grão”, usando uma marca voltada para bebês.

Proteção para bebês

COMO DEIXAR SUA CASA SEGURA PARA BEBÊS: PARTE DOIS

Com seu pequeno se movimentando, você precisará fechar as escotilhas para a segurança dele e a sua sanidade. Concentre-se na cozinha, no banheiro e no berçário.

- Qualquer produto de limpeza no nível do bebê é um *não*. Coloque-os para cima!
- Instale portões para bebês entre os quartos e nas partes superiores e inferiores das escadas para reduzir o risco de eles caírem, alcançarem varandas ou se apoiarem em corrimões e luminárias.
- Proteja móveis pesados como cômodas, mesinhas de cabeceira ou mesas de canto. Se o bebê puder usar qualquer parte do mobiliário para se levantar, seu peso pode puxar tudo para cima dele. As mesinhas de cabeceira também devem ser isentas de quaisquer perigos.
- Os fios de lâmpadas, laptops, utensílios de cozinha, secadores de cabelo, chapinhas etc. precisam ser guardados ou escondidos para restringir o acesso dos pequenos engatinhadores.
- Pegue algumas dezenas de protetores de tomada e conecte-os. Essa é uma ótima atividade para irmãos mais velhos — apenas certifique-se de que eles não percam nenhuma.
- Fique atento a lareiras, aquecedores, ares-condicionados, fornos e radiadores. Restrinja o acesso do bebê com portões móveis.
- Plantas são maravilhosas para o ar, mas também podem representar um problema para crianças que não têm escrúpulos em comer folhas e terra, que podem ser venenosos.
- Certifique-se de que todas as portas estão fixas com maçanetas de segurança (você sabe, aquelas que nós mesmos

temos dificuldade em abrir) e que existem fechaduras ou proteções de segurança para as janelas acima do piso térreo.

- Falando em maçanetas, você vai querer comprar e instalar algumas tampas de acendedores e puxadores de forno e fogão à prova de crianças, especialmente se você tiver um sistema de gás na cozinha.
- Além dos produtos de limpeza, os cosméticos e os produtos para cabelo devem ser movidos para áreas mais altas. Procure uma fechadura ou proteção para o banheiro e os produtos de beleza. Enquanto você estiver cuidando da proteção do bebê, encontre um lugar melhor para a escova do vaso sanitário. Não consigo imaginar um banho de bebê longo o suficientemente após *essa* interação.
- Faça uma inspeção na parte superior dos móveis baixos como mesas de café, mesas de cabeceira e mesinhas para retirar objetos que causem riscos de asfixia, incluindo frascos de remédio, objetos de vidro etc.
- Certifique-se de que você tenha verificado:
  - Cordões de cortina
  - Tigelas para ração e água de animais de estimação
  - Armadilhas para pragas
  - Frascos de remédio
  - Objetos de vidro
  - Equipamento de exercício com peças móveis

Faça seu próprio limpador

Com o bebê tocando em *tudo*, é importante considerar tanto os limpadores quanto a sujeira que você está limpando. Faça sua própria limpeza saudável, segura, desinfetante e eficaz.

1. Combine quatro xícaras de água com um quarto de xícara de vinagre e uma colher de sopa de bicarbonato de sódio.
2. Adicione cerca de 12 gotas de óleo essencial de *tea tree,* lavanda ou suco de meio limão.
3. Use como desinfetante para limpar áreas em geral, como tampos de cadeiras altas, mesas móveis, tábuas de corte, pias, banheiros etc. Agite antes de usar para misturar os ingredientes.

Pediatria

Como lidar com as doenças comuns

A creche é um viveiro de diversão, atividade — e germes. Se o bebê está na creche ou em casa com você, ele eventualmente vai pegar alguns germes que o deixam doente. Aqui estão algumas doenças comuns, sinais, sintomas e tratamentos:

RESFRIADOS. Os resfriados são um desafio porque os bebês ainda não descobriram como respirar pela boca. Imagine como é difícil sugar uma mamadeira ou seio com o nariz entupido. Mas ingerir muitos líquidos é importante quando o bebê está resfriado. Fale com o pediatra para obter conselhos. O médico pode recomendar gotas salinas para afinar o muco e depois aspirar o nariz do bebê com uma seringa de bulbo. Use um umidificador de névoa fria. Se o bebê tiver febre, essa é a maneira do seu corpo combater a infecção. O pediatra também poderá ensinar como baixar a febre.

VSR. O vírus sincicial respiratório causa infecções nos pulmões e no trato respiratório. Embora seja muito comum, em casos mais graves, ele pode levar o bebê para o hospital. Os sinais de VSR leve incluem tosse seca, febre baixa, nariz entupido ou corrimento nasal e dor de garganta. Sinais mais severos podem incluir sibilos, febre, tosse severa, respiração forçada ou rasa, cansaço, diminuição do apetite e irritabilidade. Se o bebê tem dificuldade para respirar, parece que está "puxando" ao redor da clavícula ou da caixa torácica quando respira, ou tem uma cor azul nos lábios, procure uma emergência médica imediatamente — não espere pelo seu médico. Minha esposa e eu acabamos de passar por isso com nossa mais nova, Evelyn. Parece que isso sempre acontece ou se torna uma preocupação esmagadora durante o fim de semana, quando o pediatra está fora de alcance, vivendo sua própria vida. Use seu instinto nessa situação. Se você tiver que fazer uma viagem ao hospital infantil local às três da manhã, então é isso que você deve fazer. Evie foi internada duas vezes, uma para VSR e outra para hMPV (metapneumovírus humano), enquanto eu estava escrevendo este livro. Ela ficou internada na UTI pediátrica por vários dias e, embora isso cause um conflito emocional, sempre soube que era exatamente onde ela precisava estar para ficar boa.

INFECÇÕES DOS OUVIDOS. O canal auditivo do bebê não está totalmente desenvolvido — é curto e largo, abrindo a porta para infecções. As infecções dos ouvidos podem ser acompanhadas de irritabilidade, febre e dor, que podem ser identificadas pelos puxões do bebê na orelha ou pelo aumento do choro ao deitar. Geralmente se prescreve antibióticos; ofereça ao bebê um analgésico para febre e dor e tente segurar uma compressa quente sobre a orelha infectada. Alguns sites de cura natural oferecem informações sobre óleos essenciais seguros que você pode usar.

VÍRUS COXSACKIE. Esse vírus comum pode causar febre (e apenas febre, em metade dos casos). Também pode causar doenças nas mãos, pés e boca, com o aparecimento de erupções e bolhas (as da boca tornam a deglutição dolorosa), além de conjuntivite. Os vírus não são tratáveis com antibióticos — fale com o médico, que determinará o curso do tratamento com base nos sintomas.

CRUPE. Essa tosse semelhante a um latido pode preocupar os pais com seu som. Com nosso terceiro bebê, chamamos os paramédicos à uma da manhã porque soava muito assustador. É causada por uma infecção que obstrui as vias aéreas, provocando o som do latido. Sim, chame o médico, mas enquanto isso, ficar sentado com o bebê em uma sala cheia de vapor pode proporcionar alívio. Prepare um banho quente e traga o bebê para o banheiro, feche a porta e deixe o bebê respirar o vapor.

CONJUNTIVITE. Essa infecção ocular causa vermelhidão, excesso de secreção ocular, lacrimejamento excessivo e coceira em um ou ambos os olhos. É muito contagiosa, mas é facilmente tratada com colírio ou pomada antibiótica.

UMA NOTA SOBRE REMÉDIOS PARA FEBRE/DOR: O ibuprofeno é um efetivo redutor de febre e dor. Há estudos que mostram que enquanto o paracetamol (acetaminofeno) reduz a febre, ele não é tão eficaz para a dor. Além disso, o paracetamol é muito potente e pode causar danos ao fígado se administrado para crianças. Sempre siga as instruções no rótulo.

UMA NOTA SOBRE REMÉDIOS PARA RESFRIADOS: Os medicamentos para resfriado e tosse não devem ser dados a crianças menores de dois anos.

Itens para bebês

Obrigatórios

- **Copo de transição/treinamento:** um copo com um fundo pesado não só ficará na bandeja da cadeira alta para bebê, como também ensinará seu pequeno a manter o copo na sua frente, em vez de ficar no chão. Ah, sim, ele também o ensina a usar um copo.

- **Cadeira de encaixe:** esse tipo de assento é útil diariamente na mesa da cozinha, mas também para quando você levar seu bebê para comer fora naquela reserva às cinco horas da tarde. Apenas tenha cuidado com os tipos de mesas e onde você vai prender — certifique-se de que a mesa seja forte o suficiente para suportar o peso do bebê.

- **Canguru para bebê:** já mencionei isso? Não importa, tenho que dizer novamente: eu não teria feito *nada* se não fosse capaz de prender a criança ao meu peito.

- **Escova de dente:** arranje uma escova de dente de cerdas macias para usar com pasta de dentes de bebê.

Desejáveis

- **Carrinho de passeio:** não há nada melhor do que tirar seu bebê do carrinho de bebê e colocá-lo em um meio de transporte diferente. Escolhemos a opção com capota, bem como a com bolsa que fica pendurada na parte de trás do assento traseiro — a capota é ótima para proteger contra o sol e das intempéries, enquanto a bolsa permite armazenar bebidas, lanches, um cobertor etc.

- **Forro de carrinho de compras para bebê:** essa coisa veio mais a calhar do que eu esperava. Não apenas encaixa perfeitamente sobre o banco da frente do carrinho de compras, como também serve de forro para a maioria das cadeiras para bebês de restaurantes — essas coisas são as piores fábricas de germes de todos os tempos.

- **Berço portátil:** usamos um ou dois desses ao longo dos anos — eles vêm a calhar para brincar, visitar a casa de um parente ou ficar em um hotel. Se você visitar muito a vovó, mantenha um montado ali. Eu prometo que ela não se importará!

- **Cercadinho de atividades:** também conhecido como "cadeia de bebês" em nossa casa, você pode encontrar versões destacáveis e versões dobráveis com segmentos destacáveis/fixáveis. Isso pode ser útil quando combinado com um guarda-chuva em um dia na praia ou no parque.

- **Brinquedos de ação e reação:** incentivar a exploração e a curiosidade é fundamental para um bom desenvolvimento. Algumas opções a ter em mente são:

- Anéis de tamanhos diferentes
- Cubos de atividades
- Bolas que rolam
- Brinquedos que incentivam a ficar de pé
- Livros de papelão coloridos
- Livros de quadros sensoriais
- Brinquedos de dentição que vibram
- Brinquedos que imitam seu telefone ou tablet
- Brinquedos musicais

DICA PARA OS PAIS

Se é você quem compra os brinquedos musicais, não há nada de errado em tirar alguns minutos para explorar esses sons. E se você fosse sequestrado, vendado, amarrado a uma cadeira e forçado a ouvir isso por horas a fio? Você seria capaz de suportar a angústia mental que muitas vezes anda ao lado desses brinquedos? O Elmo é muito divertido, até que não é mais. O *"Baby Shark"* é fofo, até ser colocado no banheiro e não sair mais de lá. Escolha sabiamente, pai novato!

- Canguru ergonômico para as costas: se seu bebê for capaz de apoiar totalmente a cabeça e estiver apresentando músculos fortes no pescoço, você pode carregá-lo para uma caminhada ou um passeio pelo parque ou até mesmo fazer com que o canguru carregue o dobro de carga após uma rápida ida à mercearia.

Dispensáveis

- Alimentador para bebê: os alimentadores de malha ou silicone nunca fizeram sucesso em nossa casa. Eles pareciam causar mais frustração do que benefícios para os bebês.

- Comprimidos para os dentes: experimentamos esses comprimidos com nosso primeiro e segundo filhos, mas os deixamos de lado com os dois próximos. No geral, o produto não proporcionou o alívio que nos foi prometido.

- Joelheiras para bebês à prova de escorregamento: é sério isso?

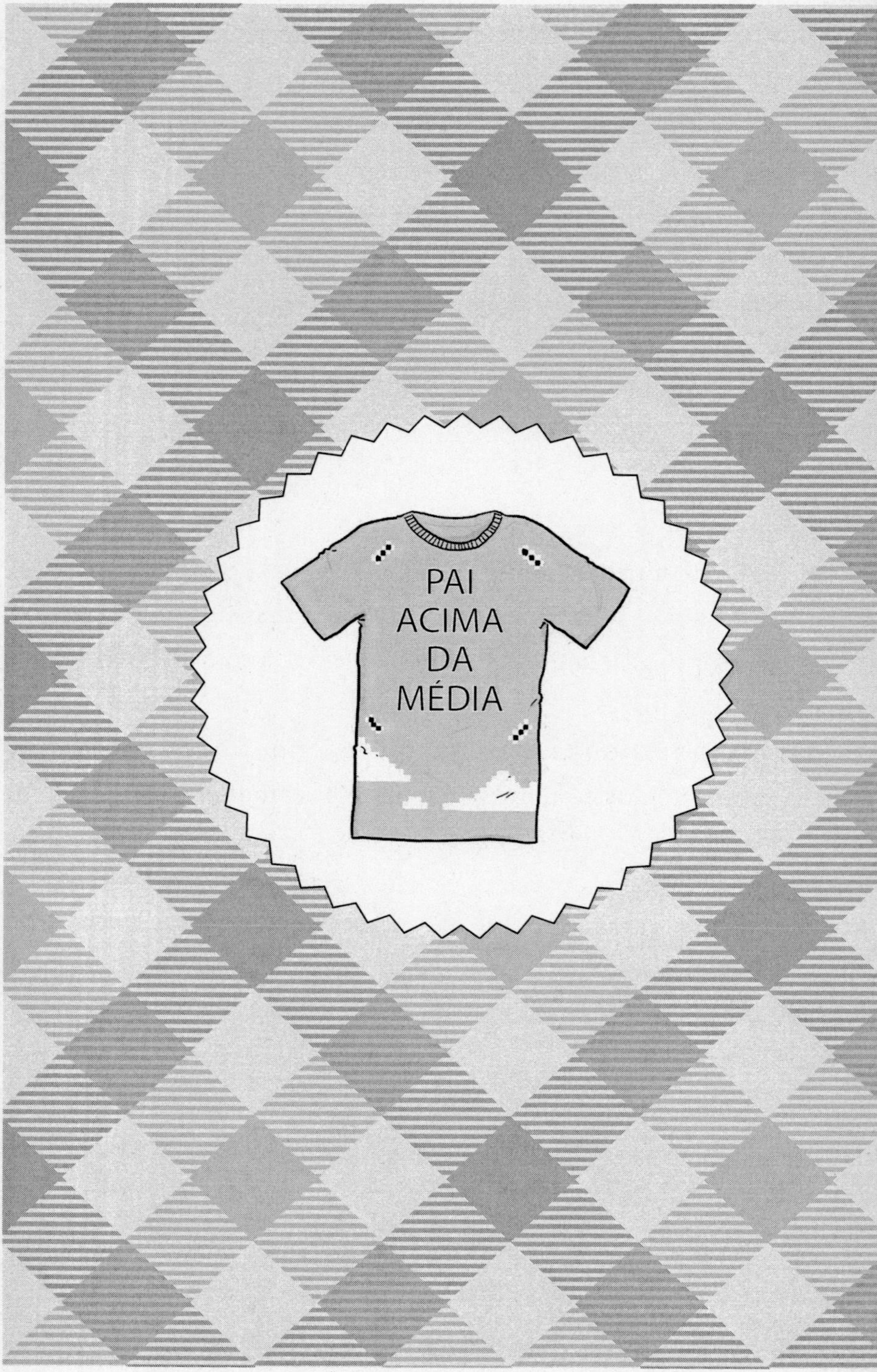
PAI
ACIMA
DA
MÉDIA

SÉTIMO MÊS

PESO MÉDIO	COMPARAÇÃO DE PESO
7,2 a 7,7 quilos	Pacote com 28 rolos de papel higiênico

Meus amigos sempre disseram que esses poucos meses existem para fazer você perceber quão simples é um recém-nascido. Estou meio que brincando, mas não muito.

A realidade é que, por mais difíceis que sejam os primeiros seis meses, seu bebê tem estado no que é comumente chamado de "fase do vaso de planta", o que significa que você coloca seu bebê em algum lugar e ele permanece lá. Neste trimestre do ano, a analogia do "vaso de planta" já era, o que significa muitas coisas, mas principalmente que você tem que estar presente o tempo todo. A boa notícia é que essa etapa também traz consigo marcos divertidos e avanços físicos.

Estes poucos meses trazem mais exploração de alimentos sólidos. Quando começamos a ter filhos, os pediatras evitavam recomendar mais alimentos indutores de alergia (como laticínios e morangos) até depois de um ano de idade. Agora, com nosso quarto filho, o pediatra mudou o tom e disse que é imperativo que os bebês experimentem *tudo* (exceto mel) quando atingirem um ano de idade. Aparentemente, a resposta dos pais aos médicos que recomendavam segurar as nozes até mais tarde estava fazendo com que a taxa de alergias realmente aumentasse. Seu médico pode dizer o contrário. Independentemente disso, a tradicional incursão em alimentos sólidos é o cereal infantil orgânico. Só servimos isso uma vez por dia, à noite, porque é uma refeição que (egoisticamente) ajudou o bebê a se sentir mais cheio e assim dormir mais descansado durante a noite. Espero que isso ajude!

TERCEIRO TRIMESTRE | SÉTIMO MÊS

ATUALIZAÇÕES DA MÃE

- Se a mãe ainda estiver amamentando, os desafios podem incluir bombeamento, dutos entupidos ou desmame.

ATUALIZAÇÕES DO BEBÊ

- O crescimento físico não é tão substancial.
- O bebê deve dormir entre nove e 11 horas a cada noite.
- É provável que o bebê durma de três a quatro horas durante o dia, dividido em sonecas matinais e vespertinas.
- A dentição continua, pois, mais dentes podem começar a aparecer.
- A maioria dos nutrientes do bebê ainda é derivada da amamentação ou da fórmula via mamadeira, mesmo que ele esteja comendo sólidos.
- O bebê se alimentará de quatro a seis vezes por dia, bebendo entre 710 e 890 mililitros por dia.
- Assim que o bebê começar a comer alimentos sólidos, a quantidade de ingestão diária pode variar de três a nove colheres de sopa.
- O bebê está respondendo à palavra "não".
- Ele está respondendo a coisas como risos, assopros no rosto e bolhas de sabão.
- A ansiedade da separação é uma coisa real. O bebê pode começar a chorar assim que for colocado sozinho e pode estar extremamente apegado ao seu cuidador primário. Ele é capaz de perceber a diferença entre estranhos e família.

- O bebê deve ser capaz de se segurar, sentar sem ajuda, fugir, andar como um caranguejo e/ou engatinhar. O bebê procura por brinquedos que caem e é capaz de alcançar e pegar seus brinquedos favoritos.
- Talvez ele esteja se esforçando para segurar e beber de um copo e/ou comer de uma colher.
- O bebê está desenvolvendo sua própria personalidade e imitando palavras e padrões de fala.

COMPROMISSOS INADIÁVEIS

- Nenhuma consulta pediátrica agendada.

Metas

AUTOCUIDADO

Solte a fera. Entre em uma academia. Talvez até considere uma que se estenda à família ou que tenha uma creche. Nossa academia na Virgínia tem um incrível espaço de cuidado infantil para todas as idades: de áreas recreativas para crianças pequenas até áreas com videogames para pré-adolescentes. Eles vigiam nosso bebê por até duas horas, o que nos dá algum tempo para criarmos um pouco de músculo e de suar um bocado (ou talvez inalar vapor na sauna, como minha esposa gosta de fazer).

SR. FAZ-TUDO

Faça um calendário. Desde que o bebê chegou, quantos dias especiais você já esqueceu? Espero que nada sério, mas se você se queimou ao esquecer um aniversário este mês, pode anotar as datas importantes e compromissos em papel ou no Google Agenda. Se você estiver tendo dificuldade em se lembrar de pegar as roupas na lavanderia, é hora de começar a manter uma lista de tarefas. Deixe um bloco em sua mesa de cabeceira ou use um aplicativo de anotações, porque você se lembrará da maior parte das coisas às três da manhã.

SAÚDE E BEM-ESTAR

Aprenda primeiros socorros. Faça uma aula de RCP (reanimação cardiorrespiratória) e aprenda a manobra de Heimlich. Saber o que fazer se o bebê engasgar ou parar de respirar é uma das maiores apólices de seguro que você pode fazer como pai, e isso lhe dará uma tremenda paz de espírito. Se a vovó e sua babá favorita estiverem dispostas a isso, considere levá-las também para a aula.

CAPITÃO DA DIVERSÃO

Saia para comer. É inevitável. Em algum momento, você precisará trazer esse bebê para o mundo — para um restaurante. Espero que você já tenha feito isso antes, mas se não, pegue aquela cadeira de encaixe, um babador, alguns brinquedos, alguns purês ou pequenos pedaços de comida pré-cortada e ilumine a cidade.

REUNIÃO DE EQUIPE

Guarde as armas. Se você tem armas de fogo, é mais do que provável que você seja responsável e pratique seus próprios protocolos de segurança. Caso contrário, ser pai é o momento perfeito para ser mais rígido quanto às suas leis pessoais sobre armas. As armas devem ser descarregadas com a segurança ativada. Se ainda não estiverem em um cofre de armas, no mínimo, elas devem ser colocadas em uma área restrita — talvez uma fechadura ou um cofre seja algo a ser considerado. Como um ponto adicional, à medida que seus filhos envelhecerem e começarem a brincar na casa de outras pessoas, você deve *sempre* fazer esta pergunta: "Você tem armas destravadas em sua casa?"

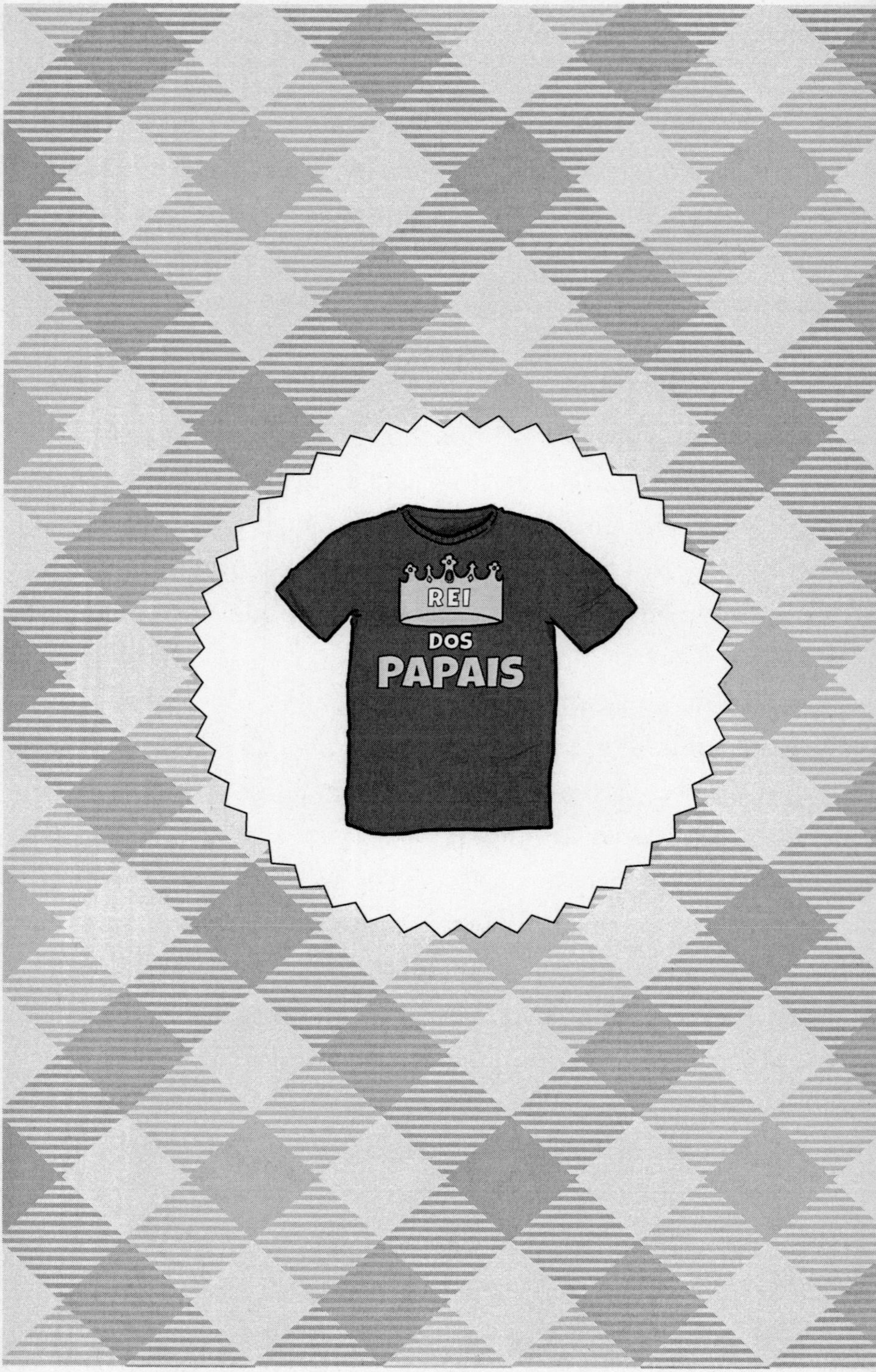
REI
DOS
PAPAIS

OITAVO MÊS

PESO MÉDIO	COMPARAÇÃO DE PESO
7,7 a oito quilos	Minibarril de chop, 77 *cupcakes*

Uma das melhores partes dessa fase é que seu bebê começa a ter reações incríveis para tudo — para o seu rosto, animais de estimação familiares, canções divertidas (*"Baby Shark"* me deu várias enxaquecas; o lado positivo é que Evelyn se acalma na hora em que a ouve). Seu bebê pode se assustar com facilidade, rir incessantemente, e quando alguém levanta a voz (em uma família do tamanho da nossa, isso ocorre várias vezes ao dia), você pode ver as sobrancelhas dele se erguerem e ele presta muita atenção ao barulho.

Antes de ter filhos, eu não me dava conta de que esses carinhas iriam ficar *muito* tempo em nosso quarto. Isso não é para todos, mas realmente funcionou para nós.

Durante a primeira metade do ano, usamos o *co-sleeper*, mas por volta dessa época, nosso bebê começou a dormir enrolado ao lado de minha esposa, que dormia de frente para o centro da cama com uma mama de fora a noite toda. Evelyn mandava naquele mamilo; ela podia encontrá-lo a qualquer momento (sem óculos de visão noturna). Tornou-se fácil para minha esposa amamentar sob demanda e, assim, não ficar cansada para o trabalho no dia seguinte. Além disso, acho que o tempo adicional de carinho de alguma forma tornou mais suportável a saída para o trabalho pela manhã. Lembre-se: foi isso que funcionou para nós. Não estou dando desculpas por ter nos desviado do que os especialistas lhe dizem. Mais uma vez, não sou nenhum dr. Spock — apenas um pai experiente.

TERCEIRO TRIMESTRE | OITAVO MÊS

ATUALIZAÇÕES DA MÃE

- Se a mãe ainda estiver amamentando, os desafios podem incluir bombeamento, rejeição, entupimento de dutos ou desmame.

ATUALIZAÇÕES DO BEBÊ

- É provável que o bebê durma de nove a 11 horas por noite.
- Espere de três a quatro horas de sono durante o dia, em duas sonecas: de manhã e à tarde.
- O bebê beberá entre 710 e 890 mililitros; entretanto, com os sólidos, essas quantidades diminuirão.
- Ele comerá de quatro a nove colheres de sopa de cereais, frutas e legumes distribuídos em duas a três refeições.
- O bebê poderá ganhar cerca de 450 gramas este mês.
- É esperado um crescimento de cerca de um centímetro; a circunferência da cabeça não muda muito.
- O rastejar e o puxar de objetos estão quase dominados.
- O bebê está rindo, explorando, descobrindo e aprendendo.
- Ele está fazendo experiências com vogais para fazer sons – A, E, I, O, U!
- O bebê pode bater blocos, atirar ou segurar, largar bolas e colocar coisas dentro umas das outras.
- A autoexploração está acontecendo: o bebê estará puxando as orelhas e o nariz e descobrirá os genitais.

TERCEIRO TRIMESTRE | OITAVO MÊS

- O conceito de permanência do objeto está se instalando — por exemplo, quando a mãe ou o pai saem da sala, o bebê ainda sabe que eles existem e potencialmente chama por eles.
- O bebê senta-se ereto (sem ajuda) e observa tudo ao seu redor.
- Ele associa movimentos com significados de palavras; por exemplo, acenando e dizendo "tchau".
- O bebê está possivelmente juntando combinações de palavras, dizendo "mamã" ou "papá".
- Os processos de pensamento se tornam mais complexos.

COMPROMISSOS INADIÁVEIS

- Nenhuma consulta pediátrica agendada.

Metas

REUNIÃO DE EQUIPE

Encontre oportunidades para revezamento de tarefas. Provavelmente vocês estabeleceram um ritmo bastante previsível, mas sempre há espaço para melhoria. Procure algo em que sua parceira possa ter uma pausa e se dedique a fazer uma tarefa que ela odeia, como lavar a louça do jantar ou dobrar roupas. Retire os pratos da sua parceira da mesa e diga: “Minha vez”. Para ter pontos positivos extras, faça dessa sua nova tarefa uma obrigação de longo prazo.

Faça uma limpeza diária. No final de cada dia, eu faço uma rápida varrição ou aspiração para limpar o berço do bebê, os estilhaços das crianças mais velhas, os pelos desobedientes de animais de estimação e assim por diante. Bebês rastejantes colocam *tudo e qualquer coisa* em suas bocas. A regra dos cinco segundos não se aplica mais. Trabalhe em conjunto e veja quem percebe o quê.

CAPITÃO DA DIVERSÃO

Faça um passeio com o bebê. Você está sendo sociável? Você já conheceu outros pais? Você pode contar em uma mão quantas vezes saiu com o bebê sem a mãe para algum lugar? Se você está constrangido com essas perguntas, leve seu pequeno para sair. Diga à mãe para descansar — você vai passear com o bebê. Ande pelo quarteirão, vá ao playground ou à biblioteca juntos, ou perambule pelos corredores de sua loja de ferragens local.

Vá para algum lugar divertido. Os bebês dessa idade realmente começam a observar o ambiente. Este mês, comece a ter algumas experiências completamente novas com a família. Pode ser o zoológico ou um parque de diversões. Talvez você seja corajoso o suficiente para lidar com um festival de música ou com outro evento do tipo conferência. Tire muitas fotos e lave bem as mãos do bebê depois de tocar os animais de estimação do zoológico.

PAI
CINCO
ESTRELAS

NONO MÊS

PESO MÉDIO	COMPARAÇÃO DE PESO
Oito quilos	Peru de Natal grande o suficiente para alimentar uma multidão

No mês passado, eu fiz uma referência à canção *"Baby Shark"*, que serve de marco zero para minhas enxaquecas. Essa canção pode parecer particularmente relevante hoje em dia, com aqueles novos dentes surgindo, em especial para a mãe. Você poderia pensar que aqueles pequenos dentes são lâminas afiadas capazes de cortar e abrir cofres de bancos? Eu vi minha esposa gritar em agonia depois que nossa pequena quase arrancou todo o seu mamilo esquerdo, mordendo-o até sangrar. Jogue em equipe — compre rápido alguns brinquedos de borracha para o bebê mastigar.

Essa etapa do primeiro ano também marcou os tempos mais difíceis para nós em termos de proteção à criança. Quando seu pequeno malandro começa a perambular rastejando e eventualmente começa a andar, é hora de trancá-lo. Lembre-se — *tudo* deve ficar para cima. Sua melhor aposta é novamente rastejar pelos quatro cantos da casa — finja ser um bebê, agora com acesso a um conjunto de terrenos completamente novos. É incrível a quantidade de coisas que temos no nível da canela. Não fique sobrecarregado — faça uma lista e tranque um quarto de cada vez. Você sempre pode usar portões ou um cercadinho para mantê-lo contido.

Este também é um ótimo mês para fazer aquelas perguntas inadequadas de Facebook ao seu pediatra como "É normal que às vezes meu filho olhe para mim de olhos cruzados?" ou "Meu bebê comeu comida seca de cachorro. E agora?".

TERCEIRO TRIMESTRE | NONO MÊS

ATUALIZAÇÕES DA MÃE

- Se a mãe ainda estiver amamentando, os desafios podem incluir bombeamento, rejeição devido à menor oferta, dutos entupidos ou desmame.

ATUALIZAÇÕES DO BEBÊ

- O bebê dorme, em média, de dez a 12 horas por noite.
- Aguarde duas sonecas entre 1,5 hora e duas horas de sono.
- Alimentação via leite materno: amamentar entre quatro e cinco vezes por dia, bebendo entre 710 e 890 mililitros por dia, com as quantidades diminuindo lentamente à medida em que o bebê come alimentos mais sólidos.
- Alimentação via fórmula: o bebê ingere entre três e quatro mamadeiras por dia, com quantidades entre 208 a 235 mililitros de fórmula cada uma, com um total de 620 a 945 mililitros, com quantidades que diminuem lentamente à medida em que o bebê come alimentos mais sólidos.
- O bebê está comendo de quatro a nove colheres de sopa de cereais, frutas e legumes distribuídos em duas a três refeições.
- Alimentos consumidos diretamente com as mãos estão em pleno vapor, e o bebê pode comer entre uma e seis colheres de sopa de carne, frango, peixe, tofu, ovos ou feijão por dia. Nota: o bebê não pode digerir completamente – muitas vezes, as coisas parecem as mesmas saindo e entrando.
- O bebê pode gostar de brincar com brinquedos com botões, alavancas e mostradores.
- O engatinhar é quase perfeito, mas agora o bebê está se esforçando para levantar e ficar de pé com apoio.
- O bebê está agora fazendo ações intencionais e ruídos com brinquedos para chamar a atenção e é capaz de apontar, bater palmas e agitar os braços com a mesma finalidade.

- Ele está balbuciando, juntando sílabas e tentando verbalizar palavras familiares.
- O bebê está começando a testar seus limites e é muito atencioso ao olhar para os pais e suas reações.
- O bebê está dando tempo limitado a estranhos e se concentrando principalmente na mãe, no pai e nos irmãos.

COMPROMISSOS INADIÁVEIS

- **Consulta de nove meses: compare os dados de sua consulta de seis meses e verifique com seu pediatra se tudo está dentro da faixa de desenvolvimento aceitável. Algumas coisas que seu médico pode estar investigando:**
- *O peso, comprimento e circunferência da cabeça do bebê*

  Teste de triagem para identificação precoce de atrasos de desenvolvimento

  Informações sobre hábitos alimentares e mudanças no xixi e no cocô
- *Hábitos de sono diários*
- *O bebê está dizendo "mamã" ou "papá"? Ele entende "não"?*
- *Ele está sentando sem apoio? Está se levantando para ficar de pé?*
- *Ele está andando com a ajuda dos móveis?*
- *Ele está respondendo a jogos como "esconder e achar"?*
- **Vacinas**
  - *Siga com o cronograma de vacinas obrigatórias, consultando sempre o pediatra.*

Metas

SR. FAZ-TUDO

Desengavete seu martelo. Talvez já tenha passado algum tempo desde que você se dedicou a qualquer projeto doméstico, mas certamente há trabalho a ser feito. Este mês, veja o que você pode fazer para encurtar sua lista de afazeres. Pendure aquele quadro, tampe aquele buraco. Você tem que manter suas habilidades manuais em dia; antes que você se dê conta, o bebê estará lhe pedindo para construir uma casa na árvore.

Continue a vigilância para a proteção do bebê. Trabalhem juntos ou se revezem na busca de novos perigos em sua casa. Esteja vigilante a todo o momento — aprenda a sempre olhar com atenção antes de colocar o bebê no chão. Leve cinco minutos sempre que possível — idealmente, todos os dias — para percorrer os quartos da casa com um olhar crítico. E trabalhem como uma equipe — cada um de vocês vai identificar coisas diferentes. Estenda essa mesma vigilância quando você for à casa de outra pessoa — casas diferentes, perigos diferentes.

REUNIÃO DE EQUIPE

Atualize os números importantes. Demore alguns minutos para pesquisar seus números locais de emergência. Eles serão úteis para a babá em quem você eventualmente vai confiar, ou caso algo aconteça em seu turno. Inclua o controle de veneno (Disque-Intoxicação), o pediatra, qualquer especialista que você possa precisar, o número da emergência e vizinhos próximos que possam ajudar caso você fique preso em um engarrafamento. Você precisa da comunidade, mesmo que não tenha família por perto, na verdade, *especialmente* se você não tiver uma família por perto. Em nosso bairro, nossos vizinhos são nossa comunidade e todos nós estamos atentos aos filhos uns dos outros.

CAPÍTULO QUATRO

DEZ A DOZE MESES

KIT DE FERRAMENTAS

DEZ A DOZE MESES

CHECKLIST DE DEZ A 12 MESES

CASA

- [ ] Comece adicionando áreas mais altas às suas inspeções de proteção. O bebê pode ser capaz de se levantar, então é um jogo justo — tampos de mesa, sofá e almofadas de cadeira, vasos sanitários, camas — a lista continua. Certifique-se de que o banheiro está trancado ou seguro e se as superfícies estão livres de perigos.
- [ ] O bebê pode puxar abajures, cadeiras, bancos e a porta do fogão ou da lava louças. Sempre supervisione o bebê quando ele estiver andando e forneça móveis resistentes e seguros para apoiá-lo enquanto ele se move.
- [ ] Certifique-se de que os portões sejam resistentes e bem protegidos e que o peso do bebê não derrube o portão do topo da escada. Feche as portas dos cômodos proibidos, incluindo banheiros, garagem e quartos dos irmãos mais velhos.

BEBÊ

DÉCIMO MÊS

- [ ] Quase 75 por cento dos bebês dormem a noite inteira no décimo mês. Se você estiver nos outros 25 por cento, pode considerar o treinamento do sono, embora eu não seja um fã.
- [ ] Se o bebê começar a testar os limites, saiba que ele pode te surpreender com a possibilidade de ter problemas. Mantenha-o seguro e responda aos "testes" gentilmente, mas com firmeza.

11º MÊS

- ☐ Exponha o bebê a diferentes tipos de alimentos. Saiba que pode levar de oito a 12 tentativas para que ele possa apreciar ou mostrar falta de interesse. Se ele não gostar, tente reintroduzir mais tarde.
- ☐ Apresente diferentes texturas ao bebê. É importante desenvolver o sentido do tato e isso ajuda a torná-lo mais bem estruturado e a aceitar texturas variadas.
- ☐ Leia para ele todos os dias. Aponte para as coisas, identifique-as e repita.
- ☐ Você pode começar a reforçar bons comportamentos e elogiar.
- ☐ Você pode corrigir o comportamento inadequado ajustando o tom. Não precisa gritar — deixe o bebê aprender pelo tom, não pelo volume. À medida que eles envelhecem, você também pode usar a olhada de esgueio (também conhecida como "o olhar").

12º MÊS

- ☐ Deixe o bebê ajudar os pais na hora de se vestir, colocando os braços ou as pernas onde precisam estar.
- ☐ É natural fazer a transição para o leite de vaca normal, no entanto, não use leite com baixo teor de gordura até depois do segundo aniversário.
- ☐ Esteja atento e firme. Nessa idade, ele está testando limites — por exemplo, subindo escadas, vendo quanta comida pode jogar no chão antes de você corrigi-lo, se metendo em coisas até então inexploradas. Diga "não" gentilmente, mas com firmeza e tire-o da situação.
- ☐ Lembre-se de todos os grandes eventos que este mês traz — hora de fazer o retrato de um ano do bebê e planejar uma festa de aniversário!

Dicas e tutoriais

Alimentação

COMO INCENTIVAR UMA BOA ALIMENTAÇÃO

Você come para viver ou vive para comer? É provável que seu bebê imite seus hábitos, portanto, torne-os saudáveis. Aqui estão algumas dicas para fazer o bebê se alimentar melhor no futuro:

COMAM JUNTOS. Sempre que puder, sente-se com o bebê quando ele comer; coma ao lado dele. Ele vai te observar e aprender com você (então use seu guardanapo!). Isso também introduz a cerimônia da hora das refeições e, em particular, a hora do jantar, que à medida em que seu bebê fica mais velho, pode ser o momento perfeito para a família se atualizar a cada dia.

ENCORAJE, NÃO FORCE. Se você fizer muito alarde sobre o que o bebê come, é provável que crie um problema. Deixe-o comer e, se ele não gostar de algo após algumas tentativas, deixe para lá. Você pode tentar de novo em outra hora.

COMA O ARCO-ÍRIS. Um prato colorido é muito mais divertido do que um produzido com apenas um tom, e as cores também variam quando se trata de nutrição. Portanto, combine suas escolhas alimentares com vermelhos, amarelos, azuis e, claro, verdes.

NÃO TEMA O VERDE. Não deixe que qualquer preconceito que você possa ter afete a visão de seu filho sobre os legumes e as verduras. O segredo está na preparação. Servir brócolis fresco picado com um pouco de manteiga provavelmente tornará o bebê vegetariano para o resto da vida. Assar é outra porta para amar vegetais como couvedebruxelas, brócolis e abóbora — traz à tona sua doçura. Apenas certifique-se de que eles sejam cortados pequenos o suficiente para serem comidos pelo bebê.

NÃO SALGUE DEMAIS. É um bom hábito evitar adicionar mais sal à comida do bebê. Eles já têm o bastante com o que comem e você não quer deixá-los viciados. Explore outros alimentos, especiarias e ervas para dar sabor à comida — considere canela, noz-moscada, gengibre, alho, manjericão, salsa, orégano, cebolinha, pimenta, curry em pó, parmesão ou outros queijos, óleos, vinagre e suco de limão. Lembre-se de que o mel está fora de questão no primeiro ano.

PREFIRA ALIMENTOS INTEGRAIS. Claro, o bebê adoraria provar um pouco de sopa enlatada e um bolinho Ana Maria. Mas os alimentos processados tendem a conter muito sal e açúcar, bem como outros ingredientes que deixam o paladar do seu bebê em hiperatividade e não contribuem para a saúde da criança em crescimento. Quanto mais alimentos integrais você puder oferecer, melhor. Experimente sopa caseira, macarrão com queijo, molho de macarrão ou húmus — todos eles são escolhas melhores do que seus equivalentes pré-embalados e, sinceramente, bastante fáceis de preparar.

SEJA CRIATIVO. Quanto mais opções você oferecer, a mais variedade o bebê ficará exposto e mais aventureiro ele se tornará. Minha esposa e eu temos um blog de comida chamado "Think Outside the Lunchbox" (Pense fora da lancheira, em tradução livre), que começou com ideias simples de almoço para bebês e pré-escolares e foi se expandindo lentamente. Vá além das ervilhas e cenouras e considere alimentos como:

- Laticínios: iogurte, queijo — americano, cheddar ou parmesão.
- Frutas: mamão, melancia, ameixa e morango.
- Legumes: couve-flor ou aspargos cozidos no vapor, batata-doce cortada em cubos ou berinjela assada, feijão-verde torrado em pedaços ou abóbora.
- Grãos: quinoa, cuscuz, arroz integral e amaranto.

COMIDA INICIAL	DEZ A 12 MESES
LÍQUIDOS	
▶ Leite (fórmula ou materno)	▶ Água
GRÃOS	
▶ Cevada ▶ Aveia ▶ Massa ▶ Arroz	▶ Amaranto ▶ Arroz integral ▶ Cuscuz ▶ Quinoa
VEGETAIS	
▶ Abóboras ▶ Cenouras ▶ Vagens ▶ Ervilhas ▶ Batatas	▶ Batatas doces ▶ Espargos (cortado) ▶ Couves-flores ▶ Berinjelas
FRUTAS	
▶ Maçãs ▶ Damascos ▶ Abacates ▶ Bananas ▶ Mirtilos ▶ Melões verdes ▶ Melões amarelos ▶ Kiwis	▶ Mangas ▶ Pêssegos ▶ Peras ▶ Mamões ▶ Ameixas ▶ Morangos ▶ Melancias

COMIDA INICIAL	DEZ A 12 MESES
PROTEÍNAS E LATICÍNIOS	
▶ Queijo (cubos pequenos)	▶ Tofu (cubos pequenos)
▶ Frango (desfiado)	▶ Queijo tipo cottage
▶ Ovos	▶ Iogurte
▶ Filé de peixe (cortado)	
LANCHES	
▶ Biscoito água e sal	▶ Muffins ou panquecas caseiras

Aprendizados e brincadeiras

EXPANDA O LIMITE CRIATIVO

Se seus filhos não estão na creche, e ninguém em casa ou na família tem tempo para expandir a criatividade deles, essa é sua chance. Oferecer às crianças diferentes meios para se expressarem aumentará a destreza e criatividade delas. Junte-se à diversão — trabalhem juntos, especialmente porque alguns dos elementos dessas atividades (como a água) exigem supervisão de qualquer maneira:

- Marcadores solúveis em água
- Giz de cera (os grandes são ótimos para mãos pequenas)
- Arte com purê para explorar as cores dos alimentos: experimente o verde (ervilhas), a laranja (batata-doce) e o azul (mirtilos). Se lamberem os dedos, melhor!
- Água e uma esponja, água e colheres, água e qualquer coisa
- Sacos sensoriais (ver página 103)
- Telefone de brinquedo
- Bancada de trabalho

COMO SOCIALIZAR O BEBÊ

Quer você seja um pai que fica em casa ou apenas toma as rédeas no sábado de manhã, reunir-se com outros pais e filhos é uma obrigação eventual. Se você não estiver com pressa para fazer isso, lembre-se de que seu bebê está comemorando seu primeiro aniversário este mês. Se ele não tem um amigo da idade dele para convidar, você pelo menos vai querer começar a socializá-lo agora, então você terá um melhor amigo para a festa do próximo ano! Aqui estão algumas dicas para socializar o bebê:

NÃO ESPERE INTERAÇÃO. Os bebês tendem a brincar em paralelo. Isso significa que eles vão se sentar um ao lado do outro e brincar sem darem a impressão de se notar. Mas com frequência eles olharão e perceberão. Por acaso, eles irão interagir, provavelmente tirando o brinquedo das mãos ou da boca de outro bebê.

PLANEJE PARA UMA HORA. Se você for para a casa deles ou eles vierem para a sua, uma hora é o bastante para começar. Os bebês ficam superestimulados e cansados, assim como os pais. Você não quer ser refém em um encontro onde você percebe que os outros pais não têm nada a dizer, mas parecem estar planejando passar o dia. Então, encerre em uma hora.

PERGUNTE SOBRE SUAS EXPERIÊNCIAS. Se você não sabe como quebrar o gelo, lembre-se de que vocês são pais. Foque na paternidade. Peça conselhos ou sugestões sobre como lidar com as coisas que você está enfrentando.

ENCONTREM-SE EM UM TERRENO NEUTRO. Uma ótima maneira de socializar é levar o bebê ao playground. Cada um traz seus próprios lanches e água e quando o bebê chorar, bem, é hora de ir!

Higiene

COMO INCENTIVAR UM BOM AJUDANTE

O bebê não está pronto para usar o aspirador, mas pode começar a entender o conceito de ajudar em tarefas simples. Isso ensina a ele que tudo tem seu lugar e aumenta a confiança quando você o incentiva por seus esforços.

BRINQUEDOS. Faça disso um jogo. Cante, converse e organize enquanto você e o bebê devolvem os brinquedos aos seus devidos lugares. Se ele colocar um na caixa, é uma vitória!

HORA DE LAVAR. Lave o rosto! Lave o nariz! Lave os pés! Claro, você precisará realmente lavar essas coisas depois.

COLOQUE ISSO NO LUGAR, POR FAVOR! O bebê entende *muito*. Se ele atender ao seu pedido e colocar o controle remoto no lugar, agradeça e dê um beijo nele.

POSSO PEGAR UM? Peça ao bebê para lhe servir com um dos alimentos que ele está comendo — ele pode simplesmente colocá-lo na sua boca. Agradeça com um grande "Obrigado! Que bebê generoso!".

Sono

COMO TREINAR O SONO

O bebê pode começar a ter ansiedade de separação quando você ou sua parceira não estiverem por perto. O estresse disso pode realmente aumentar à noite, especialmente se o bebê estiver em seu próprio quarto. Com nossos filhos, fazia mais sentido eu assumir as rédeas do treinamento do sono. Fizemos isso com uma criança e depois abandonamos. É difícil — você se sentirá culpado, cansado e impaciente — mas se você está esperando por isso, saiba que será mais fácil. Lembre-se do seguinte:

DÊ UMA HORA. Este pai defende um encerramento pacífico ou um prelúdio. Reserve uma ou duas horas antes do momento de dormir para alimentá-lo com o jantar e brinque um pouco enquanto a comida está sendo digerida. Prepare um banho quente e coloque-o em um pijama confortável. Abaixe as luzes e leia um livro para ele enquanto vocês se balançam juntos em uma cadeira.

ESTABELEÇA UMA ROTINA. Se você continuar a fazer algo semelhante ao que mencionei acima, o bebê começará a esperar e antecipar o que está acontecendo a seguir, tipo, *você vai para a cama*!

RECRUTE OS AMORES. Com isso, quero dizer encontrar algo que os conforta. Talvez seja um bicho de pelúcia ou ter a Alexa tocando uma canção de ninar. Talvez seja um cetim liso ou um pedaço de tecido sedoso que eles gostem de segurar — todos os nossos bebês tinham esses pequenos pedaços de cetim que deixam o cheiro da mamãe ou papai neles ao usá-los sob a camisa por uma hora... todos os nossos quatro filhos usaram isso e funcionaram como mágica.

TRANQUILIZE O BEBÊ. Quando você o estiver deitando, talvez possa pôr a mão em suas costas por alguns momentos até que ele feche os olhos. Ou pode ser tão extremo quanto o que passei com meu filho, Charlie. Eu costumava ter que deitar no chão ao lado de seu berço até que ele adormecesse e então me rastejava ou me movia com reflexos de ninja para sair do quarto.

SEJA CONSISTENTE. Consistência é a chave. Será frustrante entrar e sair continuamente do quarto à noite, mas continue assim — eventualmente vai começar a funcionar.

NÃO SE SINTA CULPADO. O bebê vai chorar, mas fizemos um esforço para *não* correr para o quarto ao primeiro sinal de que ele estava chateado — sempre os deixamos por alguns minutos. Quase sempre, eles se acalmavam. Eu os via o tempo todo na babá eletrônica, para ter certeza de que seus gritos não eram por algo como estar sendo "beliscado" por alguma parte do berço, ficar com uma perna presa entre as madeiras etc.

COMO FAZER A TRANSIÇÃO DA HORA DA SONECA

Por volta dessa idade, o bebê pode começar a tirar sua soneca matinal. Ou a soneca da tarde — o que é ainda mais complicado, porque então ele adormece às cinco da tarde e está com os olhos brilhantes e pronto para ficar acordado às três da manhã. Estas são algumas dicas de bom senso para quando ocorrem mudanças no horário de dormir:

LIMITE A HORA DA SONECA. Se o bebê estiver adormecendo em um momento inoportuno ou se o cochilo estiver demorando muito, acorde-o.

TENTE LIMITAR PASSEIOS DE CARRO OU COM O CARRINHO DE BEBÊ. Eles são como drogas para um bebê — ele vai adormecer, não importa o quão alto você toque o rádio.

TENTE SE TORNAR CONSISTENTE. Depois de encontrar um ritmo, tente mantê-lo.

CONFIRA SE ELE DORME BEM À NOITE. Se o bebê não está tirando uma soneca do seu agrado, mas dorme bem à noite, você está sem sorte. Esse é apenas o jeito do seu bebê.

MUDE A HORA DE DORMIR. Você sempre pode tentar mudar a hora de dormir do bebê para um pouco mais cedo ou mais tarde. Isso pode produzir o sono que você está procurando.

Aprendizados e brincadeiras

COMO ENGAJAR SEU BEBÊ DE DEZ A 12 MESES DE IDADE

O desenvolvimento do bebê é bastante aprimorado quando você interage com ele!

- Apresente a ele o esconde-esconde. Esconda objetos e deixe que eles os encontrem — em sua camisa, atrás das costas, fora de vista.
- Brinque de adoleta ou outros jogos de bater com as mãos.
- Pendure um lençol entre duas peças de mobiliário para fazer o primeiro clube do bebê.
- Transforme uma grande caixa de papelão em um túnel, dobrando em ambas as extremidades. Vá para a outra extremidade e incentive o bebê a engatinhar até você.
- Brinque de "Onde está...?" Pergunte ao bebê "Onde está meu nariz?" e veja se ele reconhece, seja olhando, apontando ou tocando. "Onde está o cachorro?"
- Organize itens em categorias. Mostre a ele como todos os blocos azuis vão aqui e todos os blocos vermelhos vão lá.
- Desligue a televisão. É difícil competir quando o bebê está distraído com a TV. Em vez disso, toque um pouco de música e cante junto.

COMO DESENVOLVER AS HABILIDADES DE LINGUAGEM DA CRIANÇA

Ajude o bebê a desenvolver seu vocabulário e habilidades de linguagem. As ideias são infinitas, mas aqui estão algumas:

APENAS FALE. Se você sempre quis ser um comentarista esportivo, aqui está sua chance — fale jogada a jogada, narrando tudo o que vocês estão fazendo juntos. Você pode ler o jornal diário para ele, ou pode ser aquele pai que está sempre falando para seu filho com uma voz boba, mas quem se importa; de qualquer forma, isso o está fortalecendo!

APONTE AS COISAS. Diga: "Lá está o cachorro! Oi, Rex!" Depois, "Onde está o cachorro? Onde está o Rex?" e veja como o bebê reage.

LEIA LIVROS DIFERENTES. Ele pode ter um favorito, mas mude sua rotina noturna e curta uma variedade de livros. Se você achar que está apressando sua leitura noturna, faça-o pela manhã. Dê a ele alguns livros de papelão para desfrutar e mastigar durante o dia.

SIGA OS INTERESSES DO BEBÊ. Se algo chamar a atenção do bebê, responda: "Olha, não é uma flor bonita? Essa é vermelha!".

Itens para bebês

Obrigatórios

- **Amortecedores de segurança:** se você tiver mesas baixas, proteja a cabeça do bebê circundando os cantos rígidos de seus móveis com amortecedores macios.
- **Sapatos de caminhada:** se o bebê estiver quase andando, precisará de sapatos para andar! Obtenha o tamanho adequado para um bom ajuste.
- **Protetor solar:** agora que o bebê está saindo dos limites seguros de seu carrinho coberto, proteja-o com um belo chapéu de sol, óculos escuros e, claro, protetor solar.
- **Equipamentos de inverno:** dependendo de onde você mora, você pode passar por um longo inverno. Não se esconda dentro de casa. O ar fresco é ótimo para o bebê em qualquer estação do ano — apenas certifique-se de que ele esteja bem protegido com touca, luvas, agasalhos etc. No entanto, os bebês não devem sair em frio extremo (ou calor extremo).

Desejáveis

- **Copos de lanche:** um bebê com um lanche na mão geralmente é um bebê muito feliz. Não o deixe ficar com fome — encha aquele copinho com comidinhas e siga seu caminho.
- **Meias de lã:** são ótimas para o bebê usar em casa para evitar

escorregar em pisos de madeira ou ladrilhos.

- **Brinquedos de empurrar:** se o bebê estiver começando a se mover, compre um brinquedo que ele possa empurrar pela sala com ótimos efeitos sonoros e visuais.
- **Um primeiro brinquedo para montar:** o bebê pode não conseguir subir ou descer de um brinquedo para montar, mas você pode empurrá-lo, ou ele pode sentar-se nele e desfrutar dos sinos e assobios que vêm com o brinquedo.
- **Carrinho de bebê para corridas:** esta é a idade perfeita para uma criança desfrutar de uma corrida rápido pelo bairro. Ele tem força suficiente na cabeça e no pescoço, e as constantes mudanças ao redor tirarão proveito de sua maior capacidade de se concentrar em algo.
- **Roupas para 18 meses e além:** é sempre uma boa ideia começar a comprar roupas para crianças um tamanho à frente de onde elas estão. Você provavelmente já percebeu que uma criança de 12 meses costuma usar roupas de 18 ou 24 meses. Portanto, quer seja necessário se aventurar em uma viagem de compras, usar isso como uma ideia de presente para parentes ou aceitar roupas de segunda mão de outros pais, mantenha os armários estocados com roupas!

Dispensáveis

- **Sapatos elegantes:** para quê?

PAI
PAÊ
PAINHO
PAPAI
NÃO IMPORTA,
EU AMO VOCÊ

DÉCIMO MÊS

PESO MÉDIO	COMPARAÇÃO DE PESO
8,6 quilos	Caixa de som

No momento em que este último trimestre do primeiro ano chega, você provavelmente está se preparando para dar uma volta da vitória na vizinhança. O décimo mês significa que a única coisa que está diminuindo é o apetite. O bebê está pronto para as corridas, engatinhando, possivelmente se levantando e passeando. Essa criança está totalmente em movimento e, francamente, isso é assustador. É uma indicação do que está por vir: *caminhar*.

O item mais importante durante esse período é a “cadeia de bebês”. Duvido que sejamos os únicos pais a chamá-la assim, e se você não está familiarizado, é um cercadinho de conexão octogonal. Pense nisso como algo semelhante à cápsula de contenção de metal que o Homem de Ferro usou para manter o Hulk no lugar enquanto os Vingadores estavam incapacitados. O objetivo é manter o superbebê em um só lugar para que você possa ir ao banheiro por trinta segundos sem que ele saia correndo. Não me interprete mal, o centro de atividades que você provavelmente comprou há alguns meses é excepcional, mas o bebê vai começar a ficar entediado com os mesmos brinquedos todos os dias. Na verdade, você pode se tornar um especialista em iscas e trocas: mantenha alguns brinquedos no armário e depois alterne entre colocá-los dentro e fora para deixar seu filho feliz. O bebê é inteligente e rápido. Sobra apenas tentar acompanhá-lo.

ATUALIZAÇÕES DO BEBÊ

- O bebê dorme em média de dez a 12 horas por noite.
- Tira duas sonecas durante o dia, ainda de 1,5 hora a duas horas.
- O bebê está potencialmente batendo com a cabeça nas grades ou nas paredes do berço — isso é mais comum em meninos do que em meninas.
- Mamadeiras ou seios — a ingestão total está entre 710 e 890 mililitros por dia. Com os sólidos se tornando mais frequentes, ele está bebendo menos.
- O bebê está comendo de um quarto a meia xícara de grãos, frutas, vegetais, laticínios e proteínas. Essas medidas podem variar à medida em que o bebê está ganhando peso.
- Ele está começando a usar brinquedos de empurrar.
- Brinquedos de montar mais largos e que ficam no chão podem começar a ser usados, como um caminhão de bombeiros ou um carro de corrida.
- Objetos musicais fazem um grande sucesso.
- Neste ponto, você começará a ter uma noção da personalidade do seu bebê. Ele pode ter alguns itens especiais aos quais está apegado — talvez um bicho de pelúcia ou um livro favorito.
- O bebê está se levantando da posição sentada.
- Ele se agacha para pegar coisas e consegue se sentar novamente.
- O pequeno também deve ser capaz de perambular, seja engatinhando, andando de caranguejo ou enquanto se pendura nos móveis e arrastando os pés.

- Seu movimento de pinça (coordenação do dedo indicador com o polegar) está quase dominado.
- *O bebê deve e vai pegar quase tudo à vista e colocar na boca. Se você ainda não bloqueou o local, vá em frente!*
- *Ele começará a ser capaz de encaixar itens menores em itens maiores, como copos empilhados ou tigelas de plástico para cozinha.*
- *Ele é capaz de segurar uma colher e provavelmente quase pode usá la para se alimentar.*
- *O bebê começará a imitar o comportamento das pessoas ao seu redor. Se você estiver chorando ou chateado, o bebê pode reproduzir as mesmas ações.*
- *Seu filho pode já saber pequenas frases como "tchau", "cachorro" ou "gato".*
- *Ele pode bater palmas.*

ATUALIZAÇÕES DA MÃE

- Se a mãe ainda estiver amamentando, os desafios podem incluir bombeamento, rejeição do bebê, dutos obstruídos ou desmame.

COMPROMISSOS INADIÁVEIS

- Sem consultas pediátricas agendadas.

Metas

CAPITÃO DA DIVERSÃO

Entre numa aula. Considere frequentar aulas locais oferecidas para pais e bebês, como música, arte, ioga, jogos sensoriais ou natação. Esta é uma oportunidade para você passar algum tempo com o bebê para explorar coisas novas. Para mim, foi uma oportunidade de sair de casa e conhecer outros pais que estavam passando por uma fase semelhante no desenvolvimento de seus filhos. Nada é mais reconfortante do que ouvir que outros pais estão passando por coisas piores do que você! Foi bem divertido.

PLANEJANDO-SE COM ANTECEDÊNCIA

Reconheça comportamentos. O treinamento comportamental pode começar agora! Nunca é muito cedo para começar a chamar a atenção para os bons comportamentos ou ações do bebê. Mesmo que sejam coisas simples, como virar as páginas de um livro suavemente sem rasgá-las ou colocar um bichinho de pelúcia de volta na caixa em vez de no chão.

Aplique o reforço positivo. Ao mesmo tempo em que falamos sobre reforço positivo, também não é uma má ideia começar a corrigir certos comportamentos ou ações. Seu bebê está começando a ser capaz de entender a palavra "não". Você não precisa gritar — seu tom é o indicador mais eficaz de sua mensagem. Você também pode corrigir fisicamente o que ele está fazendo; por exemplo, colocar os livros de volta na prateleira e não na lixeira. Talvez seja movendo suas mãos para longe dos cabos da TV depois que ele acabou de desligar o final de *Largados e Pelados*.

AUTOCUIDADO

Junte-se a um grupo de pais. Não precisa ser apenas para pais. Toda vez que minha esposa e eu tivemos que nos mudar desde que tivemos filhos (pelo menos seis vezes), eu tive que começar tudo de novo — conhecendo novos amigos e encontrando outras crianças para meus filhos brincarem. Apesar do meu desdém ocasional pelo Facebook, o aspecto comunitário me deu a oportunidade de encontrar alguns pais que pensam como eu, com filhos da mesma idade. Nós nos revezávamos tomando conta das crianças uns dos outros por uma ou duas horas e em semanas alternadas. Foi uma boa oportunidade para nossos filhos trabalharem em suas habilidades sociais (e eu também!). Você nunca sabe as coisas boas que podem resultar ao sair de sua zona de conforto e conhecer pessoas novas.

O MAIOR
PAI
DA HISTÓRIA

DÉCIMO PRIMEIRO MÊS

PESO MÉDIO	COMPARAÇÃO DE PESO
8,6 quilos	Pneu de carro pequeno, barraca de camping para três pessoas

Agora que o bebê está ficando um pouco mais velho, ele pode entender o "não". Não significa que ele *goste* de ouvir, mas ele pode começar a somar dois e dois e descobrir que não deve fazer qualquer atividade que resulte em ouvir essa palavra. Durante esse tempo, o bebê começará a testar os próprios limites — e os seus. Ele vai decidir que o melhor momento para isso é quando vazou a fralda e você está tentando freneticamente trocá-lo enquanto ele suja sua nova capa de edredom. Na semana passada, encontrei minha esposa trocando a fralda de Evelyn no tapete usando seus dois pés descalços na altura dos ombros do bebê para mantê-la segura enquanto ela habilmente trocava a fralda. Às vezes, são necessárias todas as mãos (e pés) disponíveis para fazer isso.

Junto com o amadurecimento no sentido de desenvolvimento, seu filho está começando a emagrecer e, potencialmente, a perder um pouco da gordura de bebê. Eles estão começando a passar de bebê para criança muito rapidamente. Já?

ATUALIZAÇÕES DO BEBÊ

- O bebê dorme entre dez e 12 horas por noite e tira dois cochilos de 1,5 hora a duas horas.
- O bebê está sendo amamentando ou recebendo mamadeira não mais do que três a quatro vezes ao dia.
- Ele está comendo de um quarto a meia xícara de grãos, frutas, vegetais, laticínios e proteínas todos os dias, através de uma combinação de ser alimentado e se alimentar sozinho.
- O bebê pode tomar de 90 a 120 mililitros de suco (opcional).
- O senso de gostos e desgostos está mais forte e sua capacidade de atenção está crescendo.
- O bebê está usando as emoções para conseguir o que deseja.
- Ele está andando de um lado para o outro, segurando-se nos móveis, abrindo armários e gavetas e metendo-se em tudo, inclusive onde não deveria.
- O bebê é um artista de fuga, capaz de se esquivar de fraldas, cadeiras altas e carrinhos de bebê. Sempre se certifique de que ele esteja devidamente afivelado.
- Avanços verbais estão sendo feitos e palavras começam a se acumular. O número de palavras faladas ainda é baixo, mas o número que ele entende pode variar de vinte a cinquenta.
- O bebê está começando a apontar para as coisas.
- Ele está brincando com brinquedos que estimulam a coordenação de olhos e mãos: blocos, brinquedos empilháveis, quebra-cabeças, painéis, labirintos de contas e cubos de atividades.

QUARTO TRIMESTRE | 11º MÊS

ATUALIZAÇÕES DA MÃE

- Se a mãe ainda estiver amamentando, os desafios podem incluir bombeamento, rejeição do bebê, dutos obstruídos ou desmame.

COMPROMISSOS INADIÁVEIS

- Sem consultas pediátricas agendadas.

Metas

CAPITÃO DA DIVERSÃO

Planeje uma festa de aniversário. O dia está chegando. Em que tipo de festa você está pensando? Um jantar com a família ou uma grande extravagância com um pulapula inflável alugado? A família está vindo de outro estado? Comece a pensar na lista de convidados e prepare sua casa para a agitação.

AUTOCUIDADO

Prepare-se para uma criança pequena. Chegar a um ano de vida é o começo da infância. Você está pronto para isso? No início deste ano, você sonhou com o tipo de pai que gostaria de ser. Confira novamente — você está no caminho certo? Especificamente, você está fisicamente preparado para esta próxima fase muito ativa? Se você puder se exercitar, comece dando uma volta no quarteirão. Traga seu amiguinho — os vizinhos vão gostar!

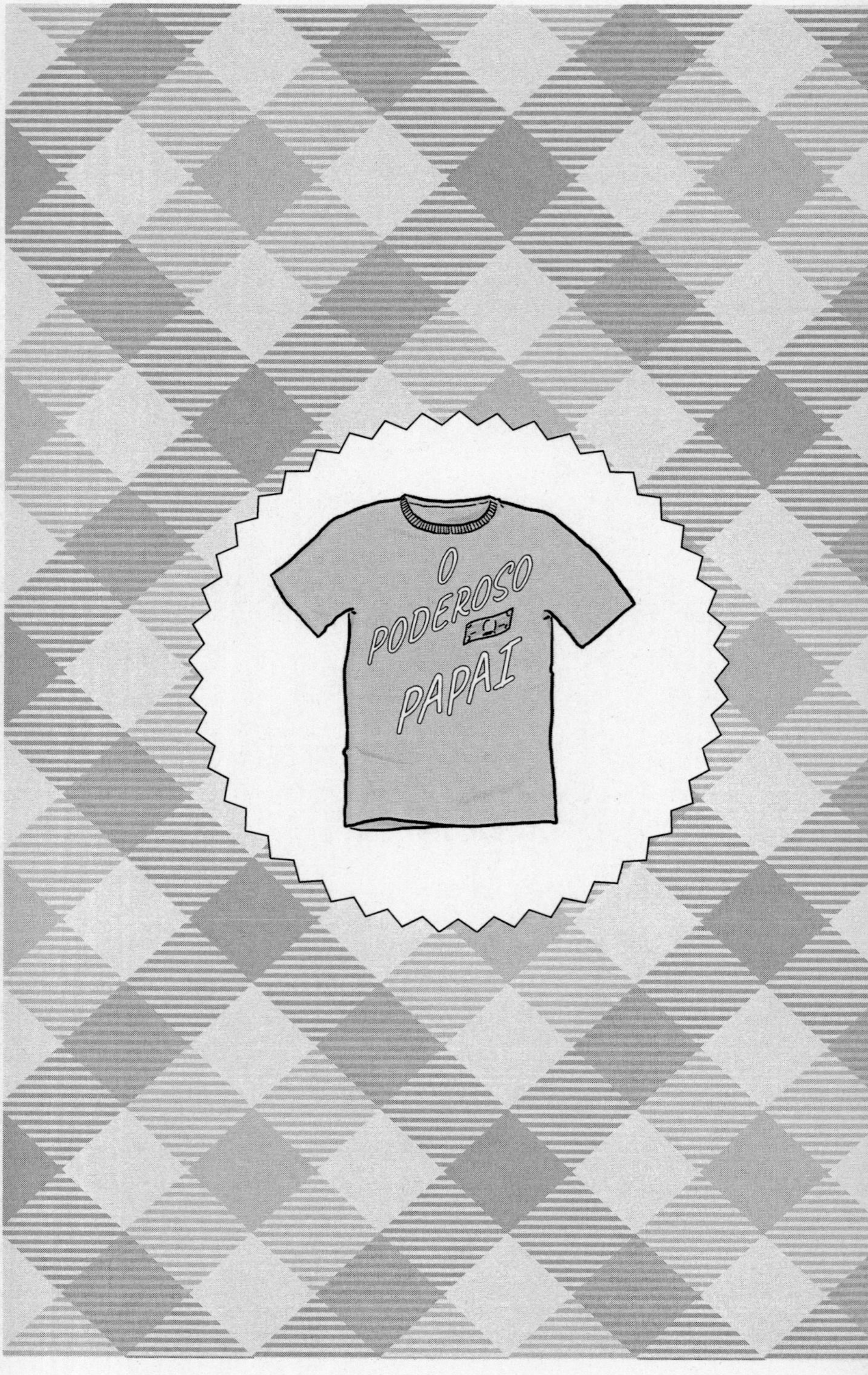
O
PODEROSO
PAPAI

DÉCIMO SEGUNDO MÊS

PESO MÉDIO	COMPARAÇÃO DE PESO
Nove a 9,5 quilos	Tanque de propano para churrasqueira a gás, saco de areia

Feliz painiversário!

Neste mês, os jogos se tornaram um estilo de vida. Moramos em um campo de golfe e, todos os dias, Evelyn e eu caminhamos e pegamos bolas de golfe que caíram em nosso quintal. Temos uma cesta de quinhentas ou mais neste momento, e a brincadeira favorita de Evie é ir até a cesta e jogá-las no chão de madeira, uma a uma.

Os bebês também começam a aprender sobre sequências. Eles começam a perceber que, para atingir seus objetivos, precisam seguir as tarefas em uma determinada ordem. Por exemplo, o bebê pode reconhecer que para comer cereais (não que eles já estejam se alimentando adequadamente com uma colher), ele precisa mergulhar a colher na tigela antes de colocá-la na boca.

Este mês é um dos mais emocionantes para mim — você sobreviveu a um ano. Sempre demos grandes festas de primeiro aniversário para todos os amigos da nossa família porque é uma grande celebração histórica. Por mais que seja uma festa para ter seu próprio "smash the cake" (amassar o bolo, em tradução livre — ensaio de fotos com o bebê amassando um bolo), e para você conseguir aquelas fotos matadoras cobertas de glacê, também é uma celebração para você e sua parceira. Você está a caminho de passar a cuidar de uma criança pequena. Que ano!

QUARTO TRIMESTRE	12º MÊS

ATUALIZAÇÕES DO BEBÊ

- O bebê dorme cerca de dez a 12 horas por noite.
- Ele está tirando dois cochilos diurnos (possivelmente pulando um para garantir um sono noturno melhor).
- O sono total do bebê é de 12 a 14 horas.
- A amamentação ou fórmula atinge cerca de 710 mililitros.
- O bebê está comendo de um quarto a meia xícara ou mais de grãos, frutas, vegetais, laticínios e proteínas diariamente.
- Ele pode estar bebendo de 90 a 120 mililitros de suco (opcional).
- O bebê está andando ou quase andando.
- Ele está empurrando e puxando brinquedos pela casa.
- Você pode notar uma queda no apetite.
- O peso do bebê provavelmente triplicou desde o nascimento.
- O bebê cresceu entre 23 e 27 centímetros. Isso é quase um aumento de cinquenta por cento desde o nascimento.
- O cérebro do bebê tem cerca de sessenta por cento do tamanho do de um adulto.
- O bebê está comendo com os dedos e obtendo domínio contínuo da colher.
- O bebê pode ajudar os pais enquanto eles o vestem, colocando os braços ou as pernas onde eles precisam ir.
- Ele está usando diferentes itens de maneira adequada, como uma colher, um telefone ou uma escova de cabelo.

- Neste ponto, não há problema em fazer a transição do leite materno para o leite de vaca normal, no entanto, não use leite com baixo teor de gordura até depois do segundo aniversário.
- O bebê tem um vocabulário aprimorado e provavelmente está dizendo algumas palavras, como "mamã", "papá", "não", "ah-ha" e "tchau".
- Ele está testando seus limites; por exemplo, subir a escada, ver quanta comida ele pode jogar no chão antes de você corrigi-lo e entrar em coisas até então inexploradas.

COMPROMISSOS INADIÁVEIS

- Consulta de um ano: verifique os dados da consulta de nove meses e verifique com o pediatra se tudo está dentro da faixa aceitável de desenvolvimento. Algumas coisas que seu médico pode estar procurando são:
  - *Peso, comprimento e circunferência da cabeça do bebê*
  - *Exame físico geral*
  - *Atendimento ao cronograma de vacinas obrigatórias*
  - *O bebê está subindo? Fica de pé? Anda?*
  - *O bebê já começou a falar? Que palavras ele está usando?*
  - *Como o bebê está lidando com a ingestão de alimentos sólidos?*
  - *O bebê usa as duas mãos para tudo?*
  - *O bebê aponta para as coisas?*

Metas

CAPITÃO DA DIVERSÃO

Faça a primeira festa de aniversário. A festa do primeiro aniversário é uma *grande* celebração. Minha esposa sempre gostou disso, mas parecia ser mais para os pais do que para a criança em si. No entanto, é um ótimo momento para comemorar, e é algo que eles não vão lembrar, então, registre com muitas fotos — poder olhar para elas quando eles forem mais velhos irá fornecer muito entretenimento.

REUNIÃO DE EQUIPE

Relembre e documente. Quando foi a última vez que você escreveu algo no livro do bebê? Junto com sua parceira, reserve uma hora e anote algumas das histórias engraçadas ou memoráveis antes que se percam nos arquivos de sua memória.

HORA DA UNIÃO

Planeje outra festa, para dois. Vocês passaram por esse primeiro ano juntos e devem comemorar suas conquistas, grandes e pequenas. Surpreenda sua parceira de revezamento com uma noite que vocês nunca esquecerão.

PAPAI DOULA

Apoie a mãe se ela considerar o desmame. Faça o bebê usar outras fontes de alimento. Reduza a amamentação. Você também pode considerar comprar um colete com seios para que possa amamentar também — ou não.

Conclusão

Nada impactou mais minha existência do que ver meus filhos fazendo sua estreia no mundo. Cada gravidez tem sido diferente — uma montanha-russa de desafios emocionais, físicos e mentais. Mas não há nada que aqueça mais o coração e a alma do que seu próprio pequenino olhando para você com aqueles lindos olhos.

Se você leu o primeiro livro desta série, *Estou grávido, e agora? O guia para o pai de primeira viagem,* ou segue meu blog, *Dad or Alive*, quero primeiro agradecer-lhe por sua lealdade. Além disso, você saberá que, embora eu tenha sido marcado como especialista aqui e ali por diferentes publicações, sou apenas um cara normal tentando ser o melhor pai que eu posso ser.

Não tenho todas as respostas, nem nunca me apresentei como alguém que as tem. Eu pesquiso e escuto as recomendações que são oferecidas por agências credenciadas e médicos licenciados, mas no final das contas, a situação de cada um é diferente, e muitas vezes encontro a interseção entre o instinto e o senso comum para encontrar a melhor decisão.

O primeiro ano de paternidade é uma bênção. A cada fralda cheia ou birra infantil em público vem uma "primeira". A primeira vez que eles engatinham, a primeira vez que você ouve a voz quando o bebê diz sua primeira palavra, o primeiro dente, a primeira vez que batem palmas e o momento em que dão seus primeiros passos e se soltam no mundo (na sua casa, com sorte, protegida para bebês).

Este livro foi concebido não apenas como uma muleta, mas também como um plano para encorajá-lo a ser o melhor parceiro e pai de seu pequeno.

Com Ava, Charlie, Mason e Evelyn, muitas vezes me pego resmungando para pais veteranos sobre como estou sempre preocupado e no meio do caos, e eles estão do outro lado tranquilos com as crianças mais velhas. A resposta deles é SEMPRE a mesma. A infância é apenas um momento fugaz e, antes que você perceba, eles crescerão. Algum dia sua casa ficará novamente em silêncio; algum dia os brinquedos desaparecerão. Aprecie todos os dias, por mais estressante que seja a vida. Pare, respire fundo e reconheça a alegria de fazer parte de suas vidas. Na educação das crianças, nunca houve uma afirmação mais verdadeira: os dias são longos, mas os anos são impiedosamente curtos.

A paternidade é um caminho tortuoso, mas seu bebê está feliz por percorrer esse caminho com você...

Glossário

baby blues: as mudanças de humor, o choro excessivo e/ou a preocupação que uma mãe pode sentir por cerca de duas semanas após o nascimento; se a mãe continuar a experimentar esses sentimentos, ela pode estar lidando com um distúrbio de humor pós-parto, como depressão pós-parto ou ansiedade pós-parto.

bolhas de leite: pequenas bolhas brancas que se formam sobre a abertura do duto de leite no mamilo.

candidíase: um tipo de infecção por levedura na boca, que também pode ser encontrado em outras partes do corpo e pode ser responsável por diarreia.

charutinho: embrulhar seu bebê "como um burrito" para acalmá-lo; o movimento de enrolá-lo e o aperto podem lembrá-lo do útero.

chupeta: um bocal de silicone com protetor bucal e cabo ou anel, usado para acalmar uma criança. Também conhecida como "chucha" e "bico"; usá-la pode ser um hábito difícil de se livrar para crianças pequenas.

cólicas: um termo usado para descrever quando uma criança, geralmente saudável e bem alimentada, chora pela "regra dos três": mais de três horas por dia, três ou mais dias por semana, por mais de três semanas.

colostro: um fluido rico em proteínas e anticorpos produzido pelos seios da mãe antes que eles realmente produzam o leite que fornece o alimento necessário durante aqueles primeiros preciosos dias após o nascimento.

consultor em aleitamento materno: um profissional de saúde especializado no manejo clínico da amamentação e que ajuda mulheres com problemas de amamentação, tais como dificuldades de amamentar, amamentação dolorosa e/ou baixa produção de leite, assim como auxilia no autocuidado e técnicas de manejo relacionadas com a jornada de amamentação.

crosta láctea: uma erupção cutânea escamosa e avermelhada que tem uma aparência escamosa e pode parecer caspa.

desmame: parar de amamentar.

doula: uma profissional não médica que não faz partos e não fornece qualquer tipo de assistência médica; no entanto, se certificada, a doula fez um programa/exame de treinamento sobre como ajudar as mulheres grávidas e suas famílias durante a gravidez.

dutos obstruídos: dutos duros localizados com grumos que bloqueiam o fluxo de leite materno, muitas vezes causado por uma obstrução interna em um duto de leite dentro do peito; também chamados "dutos bloqueados" ou "dutos entupidos".

eczema ou dermatite atópica: uma condição que causa comichão e irritação vermelha na pele; embora possa ocorrer em adultos, também é comum em crianças.

enfermeira noturna: uma enfermeira contratada para cuidar de seu bebê à noite, para que você consiga dormir um pouco.

fontanela: uma área em desenvolvimento no topo da cabeça de seu pequeno; frequentemente chamada de "moleira".

gola envelope: o decote dobrado em um colarinho que pode ser puxado para baixo sobre o bebê em vez de para cima; salva-vidas no caso de uma fralda cheia.

jogo sensorial: brincadeira que estimula os sentidos de seu filho: visão, olfato, paladar, tato e audição.

mecônio: o primeiro dejeto de seu bebê, uma combinação negra, viscosa, semelhante ao alcatrão de carvão, composta de materiais ingeridos durante o tempo do bebê no útero — dificilmente reconhecível como fezes.

óleos essenciais: óleos concentrados com vários odores que podem ser difundidos no ar e que podem conter propriedades curativas; consulte seu pediatra antes de aplicar na pele de seu filho.

probióticos: microrganismos vivos que normalmente melhoram a flora intestinal e proporcionam certos benefícios à saúde quando ingeridos; geralmente seguros para o consumo.

proteção para bebês: remover ou conter artigos pequenos e/ou perigosos em toda a casa para mantê-los longe de seu pequeno; também chamado "à prova de bebês".

SMSI (síndrome da morte súbita infantil): a súbita e inexplicada morte de uma criança; é rara e geralmente acontece à noite, levando o nome de "morte do berço".

transtornos de humor pós-parto: incluem transtornos de humor comuns, temporários, ansiedade pós-parto tratável (APP) e depressão pós-parto (DPP), que acompanham o parto. Embora tanto a mãe como o pai possam tê-los, a mãe está no risco máximo. Os sintomas podem incluir tristeza extrema, choro em excesso, ansiedade, incapacidade de tomar decisões ou pensar claramente e insônia/inaptidão para dormir, entre outros.

tummy time: colocar o bebê deitado de barriga para baixo (de bruços), começando por volta de três meses, por até trinta minutos por dia, para ajudá-lo a reunir forças para eventualmente se virar e finalmente se sentar.

Recomendações do autor (conteúdo em inglês)[**]

Para os pais

All Pro Dad (AllProDad.com): este site oferece suporte que vai desde e-mails diários de incentivo, de um minuto de leitura, a experiências esportivas interativas.

City Dads Group (CityDadsGroup.com): este grupo reúne pais através de encontros, podcasts, *boot camps* e mídias sociais.

The Dad (TheDad.com): aqui você encontrará piadas, memes, humor e "pais gentis e envolventes que falam como pessoas reais".

Dad or Alive (DadorAlive.com): meu blog abriga confissões de um pai improvável e fala sobre tudo, desde idades e fases de desenvolvimento até o que acontece quando o pai está em uma crise profunda!

Daddy Style Diaries (DaddyStyleDiaries.com): este blog sobre estilo de vida é focado na paternidade, viagens e carros.

**. Para preservar as recomendações do autor, de origem norte-americana, mantemos os sites recomendados por ele.

Designer Daddy (DesignerDaddy.com): aqui você encontrará discussões de paternidade de um pai gay com um filho adotivo, assim como projetos de artesanato e referências da cultura pop.

Fatherly (Fatherly.com): esta marca líder em paternidade digital busca "capacitar homens a criar grandes crianças e liderar adultos em vidas mais satisfatórias" através de conteúdo original.

How to Be a Dad (HowToBeADad.com): este blog oferece uma pegada humorística para encarar a paternidade e fornecer apoio ("você não está sozinho").

Life of Dad (LifeOfDad.com): desde programas, podcasts e até mesmo a DadTV, o *Life of Dad* oferece conselhos sobre tudo, desde itens para o bebê até a marcar encontros com a parceira.

Lunchbox Dad (LunchboxDad.com): este site se concentra em oferecer diversão na hora do almoço, trazendo ideias para almoços, artigos sobre paternidade e opiniões sobre produtos.

Mr. Dad (MrDad.com): este site oferece conselhos para cada tipo, etapa e papel da paternidade, assim como avaliações de produtos e *podcasts*.

National Center for Fathering (Fathers.com): aqui você encontrará treinamento, pesquisas e até mesmo uma Biblioteca Paternal projetada para fornecer apoio, incentivo e orientação.

Tales from the Poop Deck (TalesFromThePoopDeck.com): este habilmente intitulado blog discute como "navegar nas águas tempestuosas da paternidade".

Pais em geral

Babble (Babble.com): este site, cortesia da Disney, cobre tudo, de gravidez e paternidade a temas de entretenimento e estilo de vida.

BabyCenter (BabyCenter.com): como o "recurso parental número um do mundo digital", o BabyCenter chega a mais de cem milhões de visitantes a cada mês e oferece conteúdo em nove idiomas diferentes.

The Huffington Post — Parenting (HuffPost.com/life/parents): esta seção do Huffington Post oferece notícias e histórias modernas sobre a paternidade.

Parenting (Parenting.com): de compras de carrinho de bebê a planejamento da fertilidade, a Parenting oferece orientação para quase cada passo da viagem.

Parents (Parents.com): Aqui você encontrará acesso a todos os recursos da revista Parenting, bem como de suas outras publicações: *Fit Pregnancy and Baby*, *Family Fun*, *Parents Latina* e *Ser Padres*.

Very Well Family (VeryWellFamily.com): oferecendo uma "realista e amigável abordagem sobre a gravidez e a paternidade", este site tem conteúdo de profissionais de saúde sobre gravidez e paternidade.

WebMD (WebMD.com): um recurso online para informações médicas. Assegure-se de discutir todos os sintomas e questões médicas com seu médico.

What to Expect (WhatToExpect.com): *What to Expect* combina conteúdo de saúde revisado por médicos, discussões animadas e informações úteis de planejamento para "apoiar uma gravidez feliz e saudável e bebês felizes e saudáveis".

Para perdas, depressão, apoio e cuidados

Healing Hearts, Baby Loss Comfort (BabyLossComfort.com/grief): uma coleção abrangente de sites e recursos (incluindo filmes, páginas do Facebook e livros infantis) são oferecidos aqui para qualquer pessoa afetada pela perda de uma criança.

Postpartum Dads (PostpartumDads.org): recursos, informações e orientação em primeira mão são oferecidos através deste site para famílias que lidam com a depressão pós-parto.

Postpartum Progress (PostpartumProgress.com): este site é "o blog mais lido do mundo dedicado às doenças mentais maternas" e oferece recursos e apoio aos pais que lidam com doenças mentais pós-parto e relacionadas à gravidez.

Postpartum Support International (Postpartum.net): a missão da PSI é aumentar a conscientização das mudanças emocionais e mentais relacionadas ao pós-parto entre o público e as comunidades profissionais.

Share: Pregnancy and Infant Loss Support (NationalShare.org): esta comunidade é para qualquer pessoa — pais, entes queridos, cuidadores e profissionais — que experimentaram a trágica perda de um bebê.

Referências

American Academy of Pediatrics, Steven Shelov, P., MD, MS, FAAP e Tanya Remer Altmann, MD, FAAP. *Caring for Your Baby and Young Child: Birth to Age 5*. Nova York: Bantam, 2009.

Brott, Armin A. *The New Father: A Dad's Guide to the First Year*. 3ª ed. Nova York: Abbeville Press, 2015.

Brown, Ari, e Denise Fields. *Baby 411: Clear Answers and Smart Advice for Your Baby's First Year*. 8ª ed. Boulder, Colorado: Windsor Peak Press, 2017.

Dais, Dawn. *The Sh!t No One Tells You: A Guide to Surviving Your Baby's First Year*. Nova York: Seal Press, 2013.

Greenberg, Gary, e Jeannie Hayden. *Be Prepared: A Practical Handbook for New Dads*. Nova York: Simon & Schuster, 2004.

Hargis, Aubrey. *Baby's First Year Milestones: Promote and Celebrate Your Baby's Development with Monthly Games and Activities*. Berkeley, California: Rockridge Press, 2018.

Murkoff, Heidi, e Sharon Mazel. *What to Expect the First Year*. 3ª ed. Nova York: Workman Publishing Company, 2014.

Agradecimentos

Tive a sorte de ter sido abençoado com uma esposa e parceira em um relacionamento que nos permite apoiar os sonhos um do outro, erguer um ao outro após cairmos e encontrar consolo na tristeza.

Compartilhamos quatro gravidezes juntos, assim como uma quinta que nos foi tirada com a dor de um aborto espontâneo. Eu não seria metade do homem que sou hoje sem minha esposa, Jen, e meus filhos — Ava, Charlie, Mason e Evelyn — e sem as experiências que vivemos juntos como uma família.

Muito amor a meus pais e irmãos, Bruce, Joan, Eric e Travis, assim como aos meus sogros, Bob e Elaine, e aos irmãos de Jen e seus cônjuges, que sempre me receberam de braços abertos, com amor e apoio (e já me tornaram tio sete vezes!).

Sobre o Autor

Adrian Kulp trabalha como agente de talentos da rede de televisão CBS, como executivo de TV para a produtora de Adam Sandler, Happy Madison Productions (*As Regras do Amor*, *Os Goldbergs*) e como vice-presidente de desenvolvimento da Chelsea Handler's Borderline Amazing Productions (*After Lately*, *Comedians of Chelsea Lately*).

Durante os últimos nove anos, ele tem sido a voz por trás do popular blog voltado a pais que se tornou um livro: *Dad or Alive: Confessions of an Unexpected Stay-at-Home Dad*. Ele produziu o reality show *Modern Dads* para a A&E Networks, é um antigo colaborador do *HuffPost*, *The Bump*, *Kids in the House* e da revista *Parents*. Ele também é um colaborador da maior comunidade de paternidade online, *Life of Dad*, onde trabalha na equipe de criação e dirige o conteúdo da marca.

Em 2018, ele escreveu o antecessor do livro que você está lendo agora... *Estou grávido, e agora? O guia para o pai de primeira viagem*.

FATO INTERESSANTE: Kulp escreveu o livro anterior enquanto sua esposa estava grávida do filho mais recente e finalizou este livro quando o bebê completou um ano de idade.

Depois de 21 anos na Pensilvânia, 14 anos em Los Angeles, cinco anos em Maryland e três anos no litoral da Virgínia, ele recentemente se mudou para Nashville, Tennessee, com Jen, sua esposa, e seus quatro filhos, Ava, Charlie, Mason e Evelyn.